LIBRO DE COCINA DE MALVAVISCO PARA PRINCIPIANTES

100 RECETAS CREATIVAS Y DULCES DE MALVAVISCO

Amparo Fernandez

Copyright Material © 2023

Reservados todos los derechos

Ninguna parte de este libro se puede usar o transmitir de ninguna forma o por ningún medio sin el debido consentimiento por escrito del editor y del propietario de los derechos de autor, a excepción de las breves citas utilizadas en una reseña. Este libro no debe considerarse un sustituto del asesoramiento médico, legal o profesional.

TABLA DE CONTENIDO

TABLA DE CONTENIDO	**3**
INTRODUCCIÓN	**7**
DESAYUNO Y BRUNCH	**8**
1. Cacao infusionado con malvavisco	9
2. Batido de tiramisú	11
3. S'mores waffles	13
4. Panqueques De Malvaviscos	15
5. Barras de cereales para el desayuno con malvaviscos	18
6. Rollitos de tostadas francesas con chocolate y malvaviscos	20
7. Avena Fluffernutter	23
8. Tostadas francesas de Toblerone	25
9. Ambrosía Crepes	27
SNACKS Y APERITIVOS	**29**
10. Bocaditos de batata y malvavisco	30
11. Mordeduras de camino rocoso	32
12. Sorpresa de manzana de caramelo horneada	34
13. S'mores a la parrilla	36
14. Golosina afrutada fría	38
15. Barco bananero	40
16. Blondies de chocolate con malvaviscos	42
17. Golosinas de Rice Krispies con chispas de cumpleaños	44
18. Galletas con malvavisco	46
19. Barras de palomitas de maíz con arándanos	48
20. Golosinas de arroz crujiente cursi	50
21. Bolas de palomitas de maíz dulce	52
22. Bocanadas De Malvavisco	54
23. Barras Oreo sin hornear	56

24. Golosinas Krispie Oreo de arroz con fresas	58
25. pizza oreo	60
26. Golosinas Oreo De Malvavisco	62
27. Mini pizza mágica de oreo	64
28. Postre de galletas Oreo (pastel de saltamontes)	66
29. Cazuela De Malvavisco De Patata Dulce	68
30. Golosinas de cereales Yuzu	70
31. Barras de palomitas de maíz con arándanos	72
32. Bolas de palomitas de maíz dulce	74
33. Batido de palomitas de maíz con malvavisco	76
34. Cuadrados de palomitas de maíz glaseados con chocolate	78
35. Palomitas de maíz celestiales	80
36. El paraíso de las palomitas de maíz con gominolas	82
37. Sorpresa de piruletas y palomitas de maíz	84
38. Palomitas de maíz con crema de malvavisco	86
39. Golosinas crujientes de arroz y vino de la Selva Negra	88
40. Golosinas Ube Rice Krispies	90
41. Bombas de cacao caliente Toblerone	92
42. Salsa de toblerone de chocolate	95
43. Masticables Rice Krispie Toblerone	97
44. golosinas de malvavisco	100
45. Cazuela De Smores	102
46. Smores de Nutella	105
47. Salsa de chocolate y canela	107
48. corteza de Nutella de fresa	109
49. Barras De Brownie	111
50. Delicias de cereales con limonada rosa	114
PLATO PRINCIPAL	**116**
51. Cazuela De Malvavisco De Patata Dulce	117

52. Cinco tazas de ensalada de frutas	119
53. Ensalada de frutas congelada	121
54. Ensalada de frutas de naranja	123
55. Ensalada de pistacho	125
56. pastel de carne al horno holandés	127
57. Ensalada de frutas para niños	129
58. Ensalada de frutas con gominolas	131
59. Ensalada de frutas congeladas de Kentucky	133
60. Cóctel de frutas de malvavisco	135
61. Ensalada de frutas al limón	137
62. Ensalada de frutas congelada de la abuela	139

POSTRE   **141**

63. Dulce de malvavisco de clavel	142
64. Torta Funfetti	144
65. S'mores de bizcocho a la parrilla	146
66. Galletas de malvavisco con copos de maíz	148
67. pastel de saltamontes	151
68. Pastel de chocolate con capas de malta	153
69. Helado de adoquines de Charleston	156
70. Helado De Malva Chocolate	158
71. Helado de grosella espinosa y malvavisco	160
72. Helado de camino rocoso	162
73. Helado de lima	164
74. Copas de mousse de chocolate S'mores	166
75. Tarta en taza de Frankenstein	168
76. Pastel de telaraña	171
77. Dulce de azúcar de cinco minutos	173
78. Mousse de huevo de Pascua	175
79. Helado De Malvavisco De Piña	177

80. Fondue de ron con caramelo	179
81. Fondue de ron con caramelo	181
82. fondue de caramelo de chocolate	183
83. Fondue de chocolate con moca	185
84. fondue de caramelo	187
85. Tutti frutti bagatela	189
86. Parfait de crema de menta	191
87. Empanadas de s'mores	193
88. Helado rojo, blanco y de arándanos	195
89. Tarta de almendras toblerone	197
90. Toblerone-Fiesta del plátano	199
91. Mousse De Malvavisco	201

BEBIDAS 203

92. Tostado S'more Martini	204
93. Baileys S'mores	206
94. Cóctel cazafantasmas	208
95. Batido de palomitas de maíz con malvavisco	210
96. Refresco de crema de malvavisco de zarzamora	212
97. Cóctel de jengibre, melocotones y crema	214
98. Cóctel de tarta de merengue de limón	216
99. Cóctel de humo líquido	218
100. Cóctel de fresas y malvaviscos	220

CONCLUSIÓN 222

INTRODUCCIÓN

Hay tantas maneras de usar malvaviscos para su desayuno favorito, plato principal, regalo de vacaciones o postre. Ya sea que elija una bolsa de mini malvaviscos, malvaviscos grandes o un frasco de pelusa de malvaviscos, este libro tiene las mejores recetas de malvaviscos que son pegajosos, pegajosos y tan dulces. La mejor parte de estas buenas recetas pegajosas es que muchas de ellas califican como sin hornear, ¡y algunas solo requieren un puñado de ingredientes!

DESAYUNO Y BRUNCH

1. Cacao infusionado con malvavisco

Hace: 1

INGREDIENTES:
- 1 taza de leche
- 1 rama de canela.
- ¼ de cucharadita de nuez moscada.
- 1 cucharada de cacao en polvo sin azúcar.
- chispas de chocolate de 1 onza.
- 1 gotero de aceite de coco.
- Mini malvaviscos.
- 1 trago de whisky de canela

INSTRUCCIONES:
a) En una cacerola mediana, caliente la leche.
b) Cocine a fuego lento con la canela y la nuez moscada durante 10 minutos.
c) Agregue el cacao en polvo.
d) Deja que hierva a fuego lento durante unos minutos antes de apagar el fuego.
e) Combine chocolate, whisky, aceite de coco y malvavisco en una taza.

2. Batido de tiramisú

Marcas: 2

INGREDIENTES:
- 5 onzas de tintura
- 4 bolas grandes de helado de vainilla
- ½ taza de moca
- crema batida
- sirope de chocolate
- Cacao en polvo para espolvorear
- Un puñado de malvaviscos tostados

INSTRUCCIONES:
a) Combine la tintura, el helado y el moka en un tazón hasta que quede suave.
b) Vierta en un vaso alto, llene con crema batida, jarabe de chocolate y cacao en polvo, y espolvoree con cacao en polvo.
c) Adorne con malvaviscos.

3. S'mores gofrados

Hace: 4

INGREDIENTES:
- Aceite en aerosol antiadherente
- ½ taza de harina de trigo integral blanca
- ½ taza de harina para todo uso
- ¼ de taza de azúcar moreno oscuro firmemente compactado
- ½ cucharadita de bicarbonato de sodio
- ¼ cucharadita de sal
- pizca de canela molida
- 4 cucharadas de mantequilla sin sal, derretida
- 2 cucharadas de leche
- ¼ taza de miel
- 1 cucharada de extracto puro de vainilla
- ¾ taza de chispas de chocolate semidulce
- ¾ taza de mini malvaviscos

INSTRUCCIONES:

a) Precalienta la waflera a fuego medio. Cubra ambos lados de la parrilla para gofres con spray antiadherente.

b) En un tazón, combine la harina, el azúcar moreno, el bicarbonato de sodio, la sal y la canela. En un recipiente aparte, mezcle la mantequilla derretida, la leche, la miel y la vainilla.

c) Agregue los INGREDIENTES: húmedos a la mezcla de harina y revuelva hasta que se forme una masa.

d) Deja reposar la mezcla durante 5 minutos. Será mucho más espesa que la masa para waffles ordinaria, pero no tanto como la masa de pan.

e) Mida aproximadamente ¼ de taza de masa y colóquela en una sección de la waflera. Repita con otro ¼ de taza de masa, para darle una parte superior e inferior a su sándwich.

f) Cierre la tapa y cocine hasta que las galletas graham waffle aún estén ligeramente blandas pero cocidas durante 3 minutos.

g) Retire con cuidado las galletas graham waffle de la waflera. Serán bastante suaves, así que tenga cuidado de mantenerlos intactos. Deje que se enfríen un poco. Repita los pasos 5 a 7 con el resto de la masa.

4. Panqueques De Malvavisco

Hace: 4

INGREDIENTES:
- 1 taza / 8 oz mini malvaviscos
- 2 tazas / 16 oz de harina leudante
- 2 tazas / 16 onzas de leche
- 2 huevos frescos y de corral
- ¼ cucharadita de sal

COBERTURAS
- 2 cucharadas de mini malvaviscos
- miel de maple
- manteca

INSTRUCCIONES:

a) Masa: agregue la harina, la leche, los huevos y la sal en un tazón para mezclar. Use una cuchara de madera para revolver hasta que se mezclen consistentemente.
b) Malvaviscos: agregue los mini malvaviscos a la masa para panqueques y revuelva para combinar.
c) Cocine: rocíe una sartén para crepes con aceite de canola. Coloque en la estufa y gírela a fuego medio. Use una taza medidora de ⅓ para cuchara y vierta la mezcla en la sartén. Viértalo hacia abajo y mantenga su mano en un solo lugar.
d) Voltear: los panqueques tardarán de 2 a 3 minutos en cocinarse en el primer lado. Esté atento a las burbujas que se formarán en la superficie a partir de los bordes. Cuando se abren camino hacia el centro, es hora de voltear los panqueques. Deslice un volteador de silicona debajo del lado cocido, asegúrese de que el panqueque esté en la aleta, luego levante la mano ligeramente y voltee hacia el otro lado. Deje que este lado se cocine durante 1 a 2 minutos.
e) Pila: una vez que los panqueques estén cocidos, comience a apilarlos en un plato para servir. Agregue algunos mini malvaviscos a la pila a medida que avanza. Una vez en la parte superior, unte un poco de mantequilla encima, espolvoree más malvaviscos encima y luego rocíe la pila con jarabe de arce.
f) Servir: coloque la pila de panqueques en la mesa del desayuno como pieza central. O proporcione platos y tenedores para servir y deje que las personas decoren los suyos.

5. Barras de cereales para el desayuno con malvaviscos

Rinde: 9 barras

INGREDIENTES:
- 6 cucharadas de mantequilla
- Bolsa de 16 onzas de malvaviscos
- 6 tazas de cereal, mezclando la medida con los cereales que elijas

INSTRUCCIONES:
a) Cubra una fuente para hornear cuadrada de 9 "con papel pergamino y reserve
b) En un tazón grande apto para microondas, agregue la mantequilla. Caliente la mantequilla en el microondas hasta que se derrita, alrededor de 1 ½ minutos derrita la mantequilla
c) Agrega los malvaviscos al tazón y revuélvelos con la mantequilla derretida. Vuelva a colocar el tazón en el microondas y caliéntelo durante otro minuto y medio, observando que los malvaviscos no se desborden. Retire y revuelva. Si los malvaviscos no se derriten por completo, puedes recalentarlos por más tiempo. mezclar malvaviscos en mantequilla derretida
d) ¡Ahora agrega el cereal! Mezcle todos sus cereales favoritos en el malvavisco y revuelva con cuidado. No querrás triturar todo el cereal mientras lo mezclas.
e) Vierta la mezcla de cereal en la fuente para hornear preparada. Extienda suavemente y presione hacia abajo en la sartén. Trate de no presionar demasiado o serán más difíciles de comer. barras de cereal con malvaviscos
f) Deje que se asiente durante aproximadamente una hora. ¡Corta y disfruta!

6. Rollitos de tostadas francesas de chocolate y malvaviscos

Rinde: 8 porciones

INGREDIENTES:
PARA LOS ROLL-UPS:
- 8 rebanadas de pan de molde blanco
- ½ taza de mini malvaviscos
- ½ taza de chispas de chocolate pequeñas
- 1 cucharada de mantequilla

PARA LA MEZCLA DE HUEVO DE CHOCOLATE:
- 2 huevos grandes
- 3 cucharadas de leche
- ½ cucharada de extracto de vainilla
- 1 cucharada de cacao en polvo

PARA LA MEZCLA DE CHOCOLATE Y AZÚCAR:
- ⅓ taza de azúcar granulada
- 1 cucharadita de canela
- 1 cucharada de cacao en polvo

INSTRUCCIONES:

a) Corta la corteza de cada rebanada de pan y aplana la rebanada con un rodillo.
b) Coloque los mini malvaviscos y las chispas de chocolate en el interior hacia un extremo de la rebanada de pan.
c) Enrolle el pan con fuerza. Repita con las rebanadas de pan restantes.
d) Prepare la mezcla de huevo de chocolate: en un tazón poco profundo, mezcle los huevos, la leche, el extracto de vainilla y una cucharada de cacao en polvo. Revuelva bien.
e) Prepara la mezcla de chocolate y azúcar: en un plato, mezcla el azúcar, la canela y una cucharada de cacao en polvo. Dejar de lado.
f) Caliente una sartén a fuego medio y derrita la mantequilla.
g) Sumerja cada rollo en la mezcla de huevo de chocolate, cubriéndolos bien, y colóquelos en la sartén. Cocínelos hasta que estén dorados por todos lados, aproximadamente 2 minutos por lado. Agregue mantequilla a la sartén según sea necesario.
h) Retire cada panecillo cocido de la sartén y páselo inmediatamente por la mezcla de chocolate y azúcar hasta que esté completamente cubierto de azúcar.

7. Avena Fluffernutter

Rinde: 2 porciones

INGREDIENTES:
- 1 taza de avena rápida
- 2 tazas de agua
- 3-6 cucharadas de mantequilla de maní cremosa, o cantidad al gusto
- 2-4 cucharadas de pelusa de malvavisco, o cantidad al gusto

COBERTURAS OPCIONALES
- plátano en rodajas u otra fruta favorita
- fruta seca
- Jarabe de arce 100% puro
- canela molida
- semillas de chía u otras semillas o frutos secos

INSTRUCCIONES:
a) En una cacerola pequeña o mediana, agregue 2 tazas de agua y hierva.
b) Cuando el agua esté hirviendo, agregue 1 taza de avena rápida y cocine por 1 minuto, revolviendo mientras se cocina.
c) Cuando esté listo, vierta uniformemente en 2 tazones.
d) Agregue la mantequilla de maní y la pelusa de malvavisco y cualquier cobertura opcional que desee. ¡Disfrutar!

8. **Tostada francesa toblerone**

Rinde: 2 porciones

INGREDIENTES:
- 3 rebanadas de pan francés
- 2 huevos ligeramente batidos
- 2/3 taza de leche
- 1 cucharadita de extracto de vainilla
- 1/4 cucharadita de sal
- 1 taza de migas de galleta graham
- manteca
- 6 malvaviscos grandes cortados por la mitad
- 2 barras de Toblerone de tamaño completo divididas en rectángulos
- jarabe de arce para servir

INSTRUCCIONES

a) En un tazón poco profundo o en un plato para pastel, mezcle los huevos, la leche, la vainilla y la sal.
b) Sumerja el pan en la mezcla de huevo, cubriendo cada lado.
c) Presione ambos lados del pan en las migas de galletas Graham.
d) Derrita aproximadamente 1/2 cucharada de mantequilla en una plancha o sartén antiadherente para cada rebanada de pan.
e) Cocine hasta que estén dorados y crujientes, luego voltee al otro lado, agregando un poco más de mantequilla a la sartén primero.
f) Mientras aún está caliente, apile las rebanadas de pan francés, colocando capas de malvaviscos y chocolate Toblerone en el medio.
g) Cortar por la mitad para 2 porciones.

9. Crepes Ambrosía

Rinde: 1 porción

INGREDIENTES:
- 4 crepas
- Cóctel de frutas en lata de 16 onzas
- 1 lata Cobertura de postre congelada - descongelada
- 1 plátano maduro pequeño en rodajas
- ½ taza de malvaviscos miniatura
- ⅓ taza de coco rallado

INSTRUCCIONES:
a) Adorne con cobertura adicional y fruta.
b) Para congelar las crêpes se apilan con papel encerado entre ellas.
c) Envuélvalo en papel de aluminio grueso o papel para congelar.
d) Caliente en un horno a 350° durante 10-15 minutos.

SNACKS Y APERITIVOS

10. Bocaditos de malvavisco de camote

Hace: 6-8

INGREDIENTES:
- 4 batatas, peladas y en rodajas
- 2 cucharadas de mantequilla de origen vegetal derretida
- 1 cucharadita de jarabe de arce
- Sal kosher
- bolsa de 10 onzas de malvaviscos
- ½ taza de mitades de pecanas

INSTRUCCIONES:
a) Precaliente el horno a 400 grados Fahrenheit.
b) Mezcle las batatas con mantequilla derretida a base de plantas y jarabe de arce en una bandeja para hornear y colóquelas en una capa uniforme. Condimentar con sal y pimienta.
c) Hornee hasta que estén suaves, unos 20 minutos, volteando a la mitad. Eliminar.
d) Cubra cada ronda de camote con un malvavisco y ase por 5 minutos.
e) Sirva inmediatamente con una mitad de nuez encima de cada malvavisco.

11. **Mordeduras de camino rocoso**

Hace: 24

INGREDIENTES:
- 350g chispas de chocolate
- 30 g de mantequilla
- Lata de 397g de leche condensada azucarada
- 365 g de cacahuetes tostados en seco
- 500 g de malvaviscos blancos, picados

INSTRUCCIONES:
a) Cubra una lata de 9x13 pulgadas con papel vegetal.
b) En un recipiente apto para microondas, coloca el chocolate y la mantequilla en el microondas hasta que se derrita.
c) Revuelva ocasionalmente hasta que el chocolate esté suave. Agregue la leche condensada.
d) Combine maní y malvaviscos; agregue a la mezcla de chocolate.
e) Vierta en el molde preparado y enfríe hasta que esté firme. Cortar en cuadrados.

12. Sorpresa de manzana de caramelo horneada

Rinde: 4 porciones

INGREDIENTES:
- 4 manzanas rojas, sin corazón hasta la mitad y peladas
- ⅓ menos de las 16 mejores piezas de caramelo al rojo vivo
- 8 malvaviscos en miniatura

INSTRUCCIONES:
a) Agregue las manzanas a una cacerola apta para microondas.
b) Coloque un caramelo, luego un malvavisco en el centro de cada manzana.
c) Cubra el plato con una envoltura de plástico o papel encerado.
d) Microondas durante 7 minutos.
e) Agregue otra capa de dulces y malvaviscos.
f) Tape y cocine nuevamente por 5 minutos.

13. S'mores a la parrilla

Rinde: 4 porciones

INGREDIENTES:
- Un puñado de barras de chocolate amargo
- Un puñado de M y M
- Un puñado de tazas de mantequilla de maní
- Un puñado de galletas Graham
- chocolate puñado
- malvaviscos puñado

INSTRUCCIONES:
a) Precalienta la parrilla a temperatura media.
b) En una superficie plana, coloque un trozo de papel de aluminio de 10" por 12".
c) Desmenuza una galleta Graham y colócala sobre el papel aluminio.
d) Coloque el dulce elegido en la galleta Graham, luego cúbralo con los malvaviscos de su elección.
e) Envuélvalo ligeramente en papel de aluminio y cubra con las migas de galleta Graham restantes.
f) Caliente durante 2 a 3 minutos en la parrilla, o hasta que el malvavisco se haya derretido.

14. **Golosina afrutada fría**

Rinde: 4 porciones

INGREDIENTES:
- Paquete de 18 onzas de masa refrigerada para galletas de azúcar
- Tarro de 7 onzas de crema de malvaviscos
- Paquete de 8 onzas de queso crema, suavizado

INSTRUCCIONES:
a) Configure su horno a 350 grados F antes de hacer cualquier otra cosa.
b) Coloque la masa en una bandeja para hornear mediana de aproximadamente ¼ de pulgada de espesor.
c) Cocine todo en el horno durante unos 10 minutos.
d) Retire todo del horno y déjelo a un lado para que se enfríe.
e) En un tazón, mezcle el queso crema y la crema de malvaviscos.
f) Extienda la mezcla de queso crema sobre la corteza y refrigere para enfriar antes de servir.

15. Barco de platano

Rinde: 4 porciones

INGREDIENTES:
- 1 plátano
- Pasas
- Mini malvaviscos
- azúcar morena
- Chips de chocolate

INSTRUCCIONES:
a) Pelar parcialmente el plátano. Corte la sección en forma de cuña en el plátano. Retire la cuña.
b) Coloque en el hueco: malvaviscos, chispas de chocolate y pasas,
c) Espolvorear ligeramente con azúcar moreno.
d) Cubra la mezcla con cáscara de plátano y envuélvala en papel aluminio.
e) Coloque en brasas durante unos 5 minutos, hasta que el chocolate y los malvaviscos se derritan.

16. Blondies de malvavisco de chocolate

Rinde: 10 porciones

INGREDIENTES:
- ¾ taza de harina de arroz blanco
- ½ taza de fécula de patata
- ½ taza de polvo de arrurruz
- ½ cucharadita de goma xantana
- 1 cucharada de cacao en polvo sin azúcar
- 1 cucharadita de polvo de hornear
- ½ cucharadita de sal
- ½ taza de mantequilla sin sal ablandada
- ¾ taza de azúcar blanca
- ¾ taza de azúcar morena clara, envasada
- 2 huevos grandes
- 2 cucharaditas de extracto de vainilla
- 1 taza de mini malvaviscos
- ½ taza de chispas de chocolate pequeñas

INSTRUCCIONES:
a) Precaliente el horno a 180C / 350F y engrase un molde para hornear de 9x13 pulgadas.
b) Combine la harina de arroz, el polvo de arrurruz, la maicena, el cacao en polvo, la goma xantana, el polvo de hornear y la sal en un tazón.
c) En un recipiente aparte, agregue el azúcar y la mantequilla y bata hasta que quede esponjoso y ligero.
d) Agregue los huevos y el extracto de vainilla y bata hasta que quede suave.
e) Batir en seco INGREDIENTES: en pequeños lotes hasta que quede suave y bien combinado.
f) Agregue las chispas de chocolate y los malvaviscos y luego extienda la masa en la sartén preparada.
g) Hornee durante 25 a 28 minutos hasta que los blondies estén listos.
h) Deje que los blondies se enfríen por completo antes de cortarlos en barras.

17. Sprinkles de cumpleaños Golosinas de Rice Krispies

Rinde: 4 porciones

INGREDIENTES:
- 5 tazas de arroz Krispies
- 3 cucharadas de mantequilla
- 4 tazas de malvaviscos en miniatura INFLADOS
- Pizca de sal
- 1 cucharadita de extracto de vainilla
- ½ taza de chispas
- 2 cucharadas de aceite neutro
- 1½ tazas de chocolate blanco
- Gota de gel azul

INSTRUCCIONES:
a) Rocíe un molde para hornear de 8x8 pulgadas con aceite en aerosol y reserve.
b) En una cacerola grande, derrita la mantequilla, el extracto de vainilla y la sal a fuego lento. Agregue los malvaviscos y revuelva hasta que se derrita y esté suave.
c) Retire del fuego y agregue los Rice Krispies y ½ taza de chispas. Revuelva hasta que esté bien cubierto.
d) Rocía una espátula grande con aceite en aerosol y utilízala para presionar la mezcla uniformemente en el molde preparado.
e) Para hacer la cobertura de chocolate blanco: Derrita el chocolate blanco con ¼ de taza de leche condensada en una cacerola mediana a fuego lento. Una vez derretido, agregue remover y 1 o 2 gotas de colorante azul para alimentos, dependiendo de qué tan intenso le gustaría el color. vierta sobre los Krispies de arroz.

18. Galletas con malvavisco

Rinde: 12 barras

INGREDIENTES:
- ½ taza de mantequilla
- 1 ½ tazas de migas de galleta graham
- Lata de 14 onzas de leche condensada azucarada
- 2 tazas de chispas de chocolate semidulce
- 1 taza de chispas de mantequilla de maní ½ taza de maíz dulce

INSTRUCCIONES:
a) Precaliente el horno a 325 grados F.
b) Coloque la mantequilla en una fuente para hornear de 9 x 13 pulgadas y colóquela en el horno hasta que la mantequilla se derrita.
c) Retire el plato del horno y distribuya la mantequilla derretida uniformemente sobre el fondo.
d) Espolvorea las migas de galleta Graham de manera uniforme sobre la mantequilla derretida; vierta la leche condensada azucarada uniformemente sobre las migas.
e) Cubra con chispas de chocolate y chispas de mantequilla de maní; presione hacia abajo con firmeza.
f) Hornee durante 25 a 30 minutos, hasta que estén doradas.
g) Retire del horno; espolvorea inmediatamente con maíz dulce y presiona suavemente los dulces en barras sin cortar. Enfriar y luego cortar en barras.

19. Barras de palomitas de maíz con arándanos

Rinde: 4 porciones

INGREDIENTES:
- 3 onzas de palomitas de maíz para microondas, reventadas
- ¾ taza de chispas de chocolate blanco
- ¾ taza de arándanos secos endulzados
- ½ taza de coco rallado endulzado
- ½ taza de almendras fileteadas, picadas en trozos grandes
- 10 onzas de malvaviscos
- 3 cucharadas de mantequilla

INSTRUCCIONES:

a) Cubra un molde para hornear de 13"x9" con papel de aluminio; rocíe con spray vegetal antiadherente y reserve. En un tazón grande, mezcle las palomitas de maíz, las chispas de chocolate, los arándanos, el coco y las almendras; dejar de lado. En una cacerola a fuego medio, revuelva los malvaviscos y la mantequilla hasta que se derrita y esté suave.

b) Vierta sobre la mezcla de palomitas de maíz y revuelva para cubrir por completo; transferir rápidamente a la fuente preparada.

c) Coloque una hoja de papel encerado encima; presione hacia abajo con firmeza. Refrigere durante 30 minutos, o hasta que esté firme. Levanta las barras de la fuente, usando papel aluminio como asas; despegue el papel aluminio y el papel encerado. Cortar en barras; enfríe 30 minutos adicionales.

20. Golosinas de arroz crujiente cursi

Rinde: 2 docenas

INGREDIENTES:
- ½ taza de mantequilla
- 9 tazas de mini malvaviscos
- 10 tazas de cereal de arroz crujiente
- 1 taza de maíz dulce
- 1 taza de maíz dulce indio
- ¾ taza mini chips de chocolate semidulce
- 2 gotas de colorante amarillo y 1 gota de colorante alimentario rojo
- 20 calabazas de caramelo

INSTRUCCIONES:
a) Derrita la mantequilla y los malvaviscos en una cacerola grande a fuego medio; revuelva hasta que quede suave. En un tazón grande, combine el cereal, el maíz dulce y las chispas de chocolate.
b) Mezcle colorante para alimentos en la mezcla de malvavisco, agregando más colorante si es necesario para alcanzar el tono deseado de naranja. Agrega la mezcla de malvaviscos a la mezcla de cereal; revuelva rápidamente para combinar.
c) Extienda en un molde para hornear de 13"x9" con mantequilla; prensa con las manos untadas con mantequilla. Mientras aún está caliente, presione las calabazas de caramelo con una separación de 1-½ a 2 pulgadas.
d) Refrigere por una hora, o hasta que esté firme; cortar en cuadrados. Para hacer golosinas más delgadas, use un molde para gelatina de 15"x10".

21. Bolas de palomitas de maíz dulce

Hace: 10

INGREDIENTES:
- 8 tazas de palomitas de maíz
- 1 taza de maíz dulce
- ¼ taza de mantequilla
- ¼ cucharadita de sal
- Paquete de 10 onzas. Malvaviscos

INSTRUCCIONES:
a) Combine las palomitas de maíz y el maíz dulce en un tazón grande; dejar de lado. Derretir la mantequilla en una sartén grande a fuego medio; agregue la sal y los malvaviscos.
b) Reduzca el fuego a bajo y cocine, revolviendo con frecuencia, durante 7 minutos o hasta que los malvaviscos se derritan y la mezcla esté suave.
c) Vierta sobre la mezcla de palomitas de maíz, revolviendo para cubrir. Cubra ligeramente las manos con spray vegetal y forme bolas de 4 pulgadas con la mezcla de palomitas de maíz.
d) Envuelva las bolas individualmente en celofán, si lo desea.

22. Bocanadas De Malvavisco

Rinde: 4 porciones

INGREDIENTES:
- 1 tubo de rollos de media luna
- 8 malvaviscos
- 3 cucharadas de mantequilla, derretida
- 3 cucharadas de azúcar
- 1 cucharadita de canela

INSTRUCCIONES:
a) Precaliente el horno a 375 grados F. Engrase 8 moldes para muffins.
b) En un tazón pequeño, derrita la mantequilla.
c) En otro tazón pequeño, combine la canela y el azúcar.
d) Enrolle el malvavisco en mantequilla derretida; luego enrolle en una mezcla de canela y azúcar. Envuelva en un triángulo de rollo de media luna, asegurándose de sellar bien.
e) Colóquelos en una fuente preparada. Hornee durante 8-10 minutos hasta que estén doradas.

23. Barras de Oreo sin hornear

Rinde: 9 barras grandes

INGREDIENTES:
- 16 onzas de Oreos doblemente rellenas, picadas en trozos grandes
- 10.5 onzas de mini malvaviscos
- 4 cucharadas de mantequilla salada, temperatura ambiente

INSTRUCCIONES:
a) Rocíe una fuente para hornear de 8 × 8 pulgadas con aceite en aerosol antiadherente o cúbrala con papel pergamino. Dejar de lado.
b) En un tazón grande apto para microondas, combine los malvaviscos y la mantequilla.
c) Derrita los malvaviscos y la mantequilla en el microondas en intervalos de 30 segundos, revolviendo entre ellos, hasta que se derrita, aproximadamente 2 minutos.
d) Agregue Oreos picados a la mezcla de malvaviscos y revuelva.
e) Vierta la mezcla en el molde preparado de 8 × 8 pulgadas y presione en el molde con una espátula.
f) Cubra con las galletas Oreo picadas reservadas.
g) Coloque la fuente en el refrigerador para que se asiente durante al menos 2 horas, hasta toda la noche.

24. Golosinas Krispie Oreo De Arroz De Fresa

Hace: 18

INGREDIENTES:
- 4 tazas de cereal Rice Krispies
- 3 tazas de mini malvaviscos
- ¼ taza de mantequilla infundida
- 1 caja de gelatina de fresa
- 2 tazas de Oreos Doradas Picadas

INSTRUCCIONES:
a) Forre un molde cuadrado de 8x8 con papel de aluminio y rocíe ligeramente con aceite en aerosol. Dejar de lado.
b) En una sartén de 3 cuartos, derrita la mantequilla infundida con cannabis y los malvaviscos a fuego medio.
c) Agrega la mezcla de gelatina.
d) Revuelva hasta que se mezclen y luego agregue Rice Krispies y Golden Oreos.
e) Presione la mezcla en el molde preparado.
f) Deje enfriar durante al menos 2 horas antes de cortar en barras y servir.

25. pizza oreo

Rinde: 8 porciones

INGREDIENTES:
- Mezcla de brownie reducida en grasa de 21 onzas
- 1½ tazas de migas de galleta Oreo reducidas en grasa
- 1 taza de malvaviscos en miniatura
- ¼ taza de nueces picadas
- ¼ taza de caramelos de mantequilla de maní Reese's Pieces

INSTRUCCIONES:
a) Precaliente el horno a 350, prepare un molde para pizza de 14 "con aceite en aerosol y reserve.
b) Prepare la mezcla para brownie según las instrucciones del paquete, agregue las migas de galleta.
c) Distribuir la masa en el molde preparado. Hornea durante 18 minutos o hasta que esté hecho.
d) Espolvorea malvaviscos sobre la parte superior del brownie caliente.
e) Hornee por 3 minutos más o hasta que los malvaviscos estén ligeramente dorados.
f) Espolvorea con nueces y dulces, presionando ligeramente sobre los malvaviscos suavizados.
g) Deje enfriar un poco sobre la rejilla.

26. Golosinas Oreo De Malvavisco

Hace: 20

INGREDIENTES:
- 9 tazas de Oreo trituradas
- 8 cucharadas de mantequilla salada
- 10 tazas de mini malvaviscos divididos

INSTRUCCIONES:
a) Cubra un molde para hornear de 9 × 13 pulgadas con papel pergamino y reserve.
b) Agregue Oreos a una bolsa Ziploc grande y use un rodillo para aplastarlos, reserve.
c) En una olla grande, derrita la mantequilla y 8 tazas de malvaviscos a fuego lento hasta que quede suave.
d) Retire del fuego y agregue las Oreos trituradas y los malvaviscos a la olla y revuelva hasta que estén cubiertos de manera uniforme.
e) Transfiera la mezcla a la fuente para hornear y presione suavemente la mezcla en la sartén.
f) Déjelos reposar a temperatura ambiente durante al menos 1 hora antes de rebanarlos.

27. Mini pizza mágica Oreo

Rinde: 8 porciones

INGREDIENTES:
- 1 paquete de 7.5 oz de mini galletas Oreo
- 1 paquete de mezcla de brownie de 16 oz
- 1 taza de malvaviscos en miniatura
- ⅓ taza de nueces picadas
- ⅓ taza de caramelos de mantequilla de maní recubiertos de caramelo

INSTRUCCIONES:
a) Reserva 20 galletas. Prepare la mezcla de brownie según las instrucciones del paquete. Agregue las galletas restantes.
b) Extienda la masa en un molde para pizza engrasado de 12". Hornee a 350F durante 18-20 minutos o hasta que esté listo.
c) Espolvorea malvaviscos sobre la parte superior del brownie caliente; hornee durante 3-5 minutos más o hasta que los malvaviscos estén ligeramente dorados.
d) Espolvorea con las nueces, los dulces y las galletas restantes, presionando ligeramente sobre los malvaviscos suavizados.
e) Deje enfriar un poco sobre una rejilla. Cortar en gajos; servir tibio o frío.

28. Postre de galleta oreo (tarta de saltamontes)

Rinde: 6 porciones

INGREDIENTES:
- 2½ tazas de malvaviscos en miniatura
- 4 onzas de mantequilla
- ½ taza de leche
- 3 cucharadas de crema de menta
- 1 taza de crema batida (sin azúcar)
- 14 galletas oreo trituradas en licuadora

INSTRUCCIONES:
a) Caliente los malvaviscos en la leche hasta que se disuelvan; enfríe un poco, agregue Creme De Menthe.
b) Enfríe bien Agregue la crema batida.
c) Mezcle la mantequilla con las migas y presione en una sartén de 9X9, vierta el relleno encima con algunas migas y enfríe.

29. Cazuela De Batata Y Malvavisco

Rinde: 10 porciones

INGREDIENTES:
- 4 ½ libras de batatas
- 1 taza de azúcar granulada
- ½ taza de mantequilla vegana ablandada
- ¼ taza de leche vegetal
- 1 cucharadita de extracto de vainilla
- ¼ cucharadita de sal
- 1 ¼ tazas de cereal de hojuelas de maíz, triturado
- ¼ taza de nueces picadas
- 1 cucharada de azúcar moreno
- 1 cucharada de mantequilla vegana, derretida
- 1½ tazas de malvaviscos en miniatura

INSTRUCCIONES:
a) Precaliente el horno a 425 grados Fahrenheit.
b) Ase las batatas durante 1 hora o hasta que estén blandas.
c) Corte las batatas por la mitad y saque el interior en un plato para mezclar.
d) Con una batidora eléctrica, bata el puré de batatas, el azúcar granulada y los siguientes 5 ingredientes hasta que quede suave.
e) Coloque la mezcla de papas en una fuente para hornear de 11 x 7 pulgadas que haya sido engrasada.
f) En un tazón, combine el cereal de hojuelas de maíz y los siguientes tres ingredientes.
g) Espolvorea en filas diagonales a 2 pulgadas de distancia sobre el plato.
h) Hornee por 30 minutos.
i) Entre filas de hojuelas de maíz, espolvorea malvaviscos; hornee por 10 minutos.

30. Golosinas de cereales Yuzu

Rinde: 12 barras

INGREDIENTES:
- 6 tazas de cereal Rice Krispy
- Paquete de 16 onzas de mini malvaviscos
- 4 cucharadas de mantequilla salada
- ¾ cucharadita de extracto de yuzu
- Asperja

INSTRUCCIONES:
a) En una olla grande, derrita la mantequilla y 7 tazas de mini malvaviscos a fuego medio.
b) Asegúrate de revolver cada 15-30 segundos hasta que los dos INGREDIENTES: estén combinados.
c) Mezcla unas gotas de extracto de yuzu.
d) Agregue el cereal Rice Krispy y mezcle hasta que todo esté cubierto con la mezcla de malvavisco.
e) Deje reposar durante 1 minuto para que se enfríe.
f) Agregue los malvaviscos restantes 1 taza a la vez. Revuelva después de cada adición.
g) Rocíe una sartén de 9x13 "con aceite en aerosol antiadherente y luego vierta la mezcla en la sartén.
h) Rocíe spray antiadherente para cocinar en sus manos y presione la mezcla hacia abajo en la sartén.
i) Agregue chispas por toda la parte superior y presione ligeramente hacia abajo.
j) Coloque en el refrigerador durante al menos 30 minutos.
k) Una vez que las golosinas estén frías, córtelas en porciones individuales.

31. Barras de palomitas de maíz con arándanos

Rinde: 4 porciones

INGREDIENTES:
- 3 onzas de palomitas de maíz para microondas, reventadas
- ¾ taza de chispas de chocolate blanco
- ¾ taza de arándanos secos endulzados
- ½ taza de coco rallado endulzado
- ½ taza de almendras fileteadas, picadas en trozos grandes
- 10 onzas de malvaviscos
- 3 cucharadas de mantequilla

INSTRUCCIONES:

a) Cubra un molde para hornear de 13 pulgadas x 9 pulgadas con papel de aluminio; rocíe con spray vegetal antiadherente y reserve. En un tazón grande, mezcle las palomitas de maíz, las chispas de chocolate, los arándanos, el coco y las almendras; dejar de lado. En una cacerola a fuego medio, revuelva los malvaviscos y la mantequilla hasta que se derrita y esté suave.

b) Vierta sobre la mezcla de palomitas de maíz y revuelva para cubrir por completo; transferir rápidamente a la fuente preparada.

c) Coloque una hoja de papel encerado encima; presione hacia abajo con firmeza. Refrigere durante 30 minutos, o hasta que esté firme. Levanta las barras de la fuente, usando papel aluminio como asas; despegue el papel aluminio y el papel encerado. Cortar en barras; enfríe 30 minutos adicionales.

32. Bolas de palomitas de maíz dulce

Hace: 10

INGREDIENTES:
- 8 tazas de palomitas de maíz
- 1 taza de maíz dulce
- ¼ taza de mantequilla
- ¼ cucharadita de sal
- Paquete de 10 onzas. Malvaviscos

INSTRUCCIONES:
a) Combine las palomitas de maíz y el maíz dulce en un tazón grande; dejar de lado. Derretir la mantequilla en una sartén grande a fuego medio; agregue la sal y los malvaviscos.
b) Reduzca el fuego a bajo y cocine, revolviendo con frecuencia, durante 7 minutos o hasta que los malvaviscos se derritan y la mezcla esté suave.
c) Vierta sobre la mezcla de palomitas de maíz, revolviendo para cubrir. Cubra ligeramente las manos con spray vegetal y forme bolas de 4 pulgadas con la mezcla de palomitas de maíz.
d) Envuelva las bolas individualmente en celofán, si lo desea.

33. Batido De Malvaviscos Y Palomitas De Maíz

Rinde: 2 porciones

INGREDIENTES:
- 1 taza de leche entera
- ⅔ taza de palomitas de maíz
- ½ taza de mini malvaviscos
- ⅔ taza de helado de vainilla
- ¼ cucharadita de sal

INSTRUCCIONES:
a) Coloque las palomitas de maíz en una licuadora y pulse hasta que las palomitas de maíz se conviertan en una fina miga de pan.
b) Luego agregue los malvaviscos, la leche y el helado. Mezclar hasta que esté suave.
c) Pruebe el batido y vea cómo sabe primero sin la sal añadida.
d) Luego agregue los malvaviscos, la leche y el helado. Mezclar hasta que esté suave.
e) Pruebe el batido y vea cómo sabe primero sin la sal añadida.

34. Cuadrados de palomitas de maíz glaseados con chocolate

INGREDIENTES:
- 1 paquete de palomitas de maíz para microondas reventadas
- 2 cucharadas de mantequilla
- 10 ½ onzas Mini malvaviscos
- ¼ taza de chocolate listo para untar - betún
- ½ taza de maní salado
- ⅓ c Chocolate listo para untar - glaseado

INSTRUCCIONES:
a) Engrasa un molde de 9x13 pulgadas.
b) Retire y deseche los granos sin reventar de las palomitas de maíz.
c) Coloque la mantequilla en un recipiente apto para microondas de 4 cuartos.
d) Calentar en el microondas, sin tapar, a potencia ALTA, durante unos 30 segundos, o hasta que se derrita.
e) Agregue los malvaviscos y el glaseado hasta que los malvaviscos estén cubiertos.
f) Cocine en el microondas, sin tapar, de 2 a 3 minutos, revolviendo cada minuto, hasta que la mezcla esté suave.
g) Incorpore los cacahuetes y las palomitas de maíz hasta cubrirlos.
h) Presione la mezcla en la sartén.
i) Untar con glaseado de chocolate; Frío.
j) Cortar en barras.
k) GLASEADO DE CHOCOLATE: Coloque el glaseado listo para untar en un tazón pequeño apto para microondas.
l) Calentar en el microondas, a temperatura ALTA, unos 30 segundos o hasta que se derrita.

35. Palomitas de maíz celestiales

INGREDIENTES:
- ¼ taza de mantequilla
- 1 taza de chispas de chocolate
- 1 taza de pecanas tostadas
- 6 tazas de palomitas de maíz reventadas
- 4 tazas de malvaviscos en miniatura

INSTRUCCIONES:
a) En una cacerola pesada, ponga la mantequilla, el chocolate y las nueces.
b) Cocine a fuego moderado hasta que se derrita, revolviendo con frecuencia para evitar que se queme. Vierta sobre las palomitas de maíz y los malvaviscos.
c) Revuelva bien. Extienda sobre una bandeja para hornear con mantequilla y refrigere para que se enfríe.
d) Para variaciones, puede sustituir los bocados de caramelo o usar chocolate amargo. Trozos de chocolate blanco en lugar de chispas hacen un bonito caramelo blanco que se puede colorear y moldear en moldes para pasteles con forma. La cobertura de caramelo de yogur también se puede usar para obtener un sabor más picante.

36. El paraíso de las palomitas de maíz con gominolas

INGREDIENTES:
- 6 - 8 tazas de palomitas de maíz
- 1 frasco (7 onzas) de crema de malvavisco
- ½ taza de mantequilla de maní
- 1 taza de gominolas pequeñas

INSTRUCCIONES:
a) Mezcle la crema de malvavisco y la mantequilla de maní en un tazón grande.
b) Agregue las palomitas de maíz y las gominolas hasta que se cubran uniformemente.
c) Presione la mezcla en un molde para hornear cuadrado de 9 pulgadas engrasado.
d) Refrigere hasta que cuaje, aproximadamente 4 horas. Cortar en cuadrados.

37. Sorpresa de palomitas de maíz

INGREDIENTES:
- 7 tazas de palomitas de maíz
- 3 c malvaviscos en miniatura
- 2 cucharadas de mantequilla
- ¼ de cucharadita de sal
- Colorante alimentario
- 8 piruletas

INSTRUCCIONES:
a) Mida las palomitas de maíz en un tazón grande untado con mantequilla.
b) Caliente los malvaviscos, la mantequilla y la sal a fuego lento, revolviendo con frecuencia, hasta que se derrita y esté suave.
c) Agrega colorante alimentario.
d) Vierta sobre las palomitas de maíz y mezcle suavemente.
e) Forma alrededor de piruletas en bolas de 3 pulgadas.

38. Palomitas de Maíz con Crema de Malvavisco

INGREDIENTES:
- 8 tazas de palomitas de maíz
- 1 taza de cereal de arroz inflado
- 3 cucharadas de mantequilla
- Tarro de 7 onzas de crema de malvavisco

INSTRUCCIONES:
a) Combine las palomitas de maíz y el cereal en un tazón grande engrasado. Derrita la mantequilla en una cacerola mediana a fuego lento. Alejar del calor. Agregue la crema de malvavisco. Vierta sobre la mezcla de palomitas de maíz. Revuelva para cubrir uniformemente. Presione la mezcla en un molde para hornear cuadrado de 9 pulgadas engrasado. Refrigere hasta que esté firme, alrededor de cuatro horas. Cortar en barras.

39. Delicias crujientes de arroz con vino de la Selva Negra

Hace 16 barras

INGREDIENTES:
- 3 cucharadas de mantequilla
- 4 tazas de mini malvaviscos
- 1/2 taza de vino de cereza de Pensilvania
- 5 tazas de cereal de arroz inflado
- 1/2 taza de cerezas secas picadas
- 1/4 taza de chispas de chocolate semidulce

INSTRUCCIONES:
a) Cubra una bandeja para hornear con papel pergamino. Rocíe con aceite de cocina.
b) En una cacerola mediana a fuego medio, derrita la mantequilla. Agregue los malvaviscos y revuelva hasta que se derrita.
c) Retire del fuego y agregue el vino y el cereal. Mezcle hasta que se combine y se distribuya el malvavisco.
d) Agregue las cerezas secas y las chispas de chocolate y mezcle hasta que esté completamente incorporado. Vierta en una bandeja preparada, cubra con pergamino y enfríe. Cortar y servir.

40. Golosinas Ube Rice Krispies

Hace: 8 golosinas

INGREDIENTES:
- ½ taza de mantequilla sin sal
- 10 onzas de malvaviscos
- 6 tazas de arroz krispies
- 1 cucharadita de extracto de ube
- 1 taza de ube halaya

INSTRUCCIONES:
a) Divida uniformemente la mantequilla, los malvaviscos y los krispies de arroz en tres lotes y trabaje con un lote a la vez. Extienda una capa delgada de mantequilla sobre una fuente para hornear de 8.25" de ancho x 5" de profundidad.
b) Para el primer lote: derrita la mantequilla en una olla a fuego lento y luego agregue 1 lote de malvaviscos.
c) Una vez que esté completamente derretido, agregue 3-4 gotas del extracto de ube y revuelva.
d) Vierta 2 tazas de arroz krispies y mezcle.
e) Vierta la mezcla en la fuente para hornear y presione firmemente para crear una capa plana.
f) Para el segundo y tercer lote, repita el paso 2, agregando unas gotas más de extracto de ube para cada lote.
g) Permita que las golosinas de arroz krispie se enfríen completamente y se asienten. Extienda el ube halaya en la parte superior y córtelo en 8 pedazos.

41. Bombas de cacao caliente Toblerone

INGREDIENTES:
- 2 tazas de caramelo de chocolate derretido
- 2 tazas de mezcla de chocolate caliente
- 2 tazas de mini malvaviscos
- 1 barra de Toblerone, partida en triángulos

INSTRUCCIONES

a) Coloque los dulces de chocolate derretidos en un recipiente apto para microondas y derrita en el microondas según las instrucciones del paquete.

b) Coloque 1 cucharada de caramelo derretido derretido en la mitad de un molde de bomba y, con la parte inferior de su cuchara medidora, presione el chocolate hacia arriba por los lados del molde, manteniéndolo espeso pero uniforme. Repita con 12 mitades de molde de bomba.

c) Coloque los moldes de bomba rellenos de chocolate en el congelador durante 5 minutos.

d) Retire los moldes del congelador y golpee suavemente los lados del molde, presionando un lado del chocolate para que se deslice fuera del molde.

e) Rellene 6 de los moldes con 1 cucharada de mezcla de chocolate caliente, 1 triángulo de caramelo Toblerone y 6-8 mini malvaviscos.

f) Caliente un plato o un tazón de fondo plano en el microondas hasta que la superficie del plato esté tibia al tacto. Presiona una de las mitades vacías de la bomba de chocolate con el lado abierto hacia abajo sobre la parte plana del plato caliente durante unos 10 segundos. Esto derretirá suavemente el borde de la taza de chocolate. Presiona inmediatamente esta taza de chocolate con borde tibio en la parte superior de una de las tazas llenas. Esto unirá las dos mitades de la bomba de chocolate caliente. Alternativamente, puede colocar un poco de chocolate en el borde del borde.

g) Usando una manga pastelera o un tenedor, coloque una cucharadita de los dulces de chocolate derretidos restantes encima de las bombas de chocolate caliente ensambladas, luego, inmediatamente, coloque una pieza triangular adicional de barra de chocolate Toblerone en este toque de chocolate.

h) Coloque las bombas de chocolate caliente en el congelador durante 5 minutos para que se asienten, luego retírelas y guárdelas en un recipiente hermético hasta que esté listo para usar.

i) Para usar las bombas de chocolate caliente, colócalas en una taza y vierte 2 tazas de leche caliente encima. Revuelve hasta que las bombas de chocolate caliente se derritan por completo y ¡disfruta!

42. Salsa de chocolate con toblerone

INGREDIENTES:
- 200 g de chocolate Toblerone, bloques separados
- 400 g de nata espesa
- 1 cucharada de miel
- Servir frutas, malvaviscos, paletas de plátano

INSTRUCCIONES

a) Batir la crema hasta que se formen picos suaves, no sobre batir.
b) Derrita el toblerone, ya sea en el microondas al 50 % durante 1 minuto, revuelva nuevamente durante otros 30 segundos, mezcle, repita hasta que esté completamente derretido o sobre agua hirviendo en la estufa.
c) Agregue la miel.
d) Doble suavemente el chocolate a través de la crema batida.
e) Mantenga en el refrigerador hasta que esté listo para servir.
f) Sirva con frutas, malvaviscos o paletas de plátano.

43. Masticables Rice Krispie Toblerone

INGREDIENTES:
CAPA INFERIOR
- 1/2 taza de jarabe de maíz
- 1/2 taza de azúcar moreno
- 1/2 taza de mantequilla de maní
- 1/4 taza de mantequilla
- 7 tazas de mini malvaviscos
- 2 mini barras de Toblerone, picadas
- 6 tazas de arroz Krispies

CAPA DE EN MEDIO
- 8 onzas de queso crema de ladrillo, ablandado
- 1 taza de mantequilla de maní crujiente
- 1/2 taza de azúcar glass

CAPA SUPERIOR
- 4 mini barras de Toblerone, picadas

INSTRUCCIONES:

a) Rocíe una sartén de 9 x 13 con aceite en aerosol. Dejar de lado.
b) Capa inferior: en una olla grande, coloque el jarabe de maíz, el azúcar morena y la mantequilla de maní a fuego medio-bajo.
c) Revuelva hasta que se derrita. Agregue mantequilla, mini malvaviscos y 2 barras de Toblerone y revuelva hasta que se derrita.
d) Retire del fuego y agregue los Rice Krispies.
e) Trabajando con bastante rapidez, se asienta a medida que se enfría, raspe la mezcla en el molde preparado.
f) Rocíe sus manos con aceite en aerosol y acaricie la mezcla. Dejar de lado.
g) Capa intermedia: coloque el queso crema y la mantequilla de maní en un recipiente apto para microondas.
h) Cocine en el microondas durante 30 a 40 segundos, hasta que comience a derretirse y sea fácil de mezclar.
i) Agregue el azúcar glas. Distribuya uniformemente sobre los Rice Krispies.
j) Capa superior: coloque las barras de Toblerone restantes en un recipiente apto para microondas.
k) Caliente en incrementos de 20 segundos hasta que se derrita. Revuelva hasta que quede suave.
l) Vierta sobre la capa de queso crema y extiéndalo suavemente de manera uniforme sobre la barra.
m) Dejar enfriar hasta que el chocolate se haya endurecido.
n) Cortar y servir. No tienes que mantenerte frío; la temperatura de la habitación está bien.

44. golosinas de malvavisco

Hace: 24 golosinas

INGREDIENTES:
- 10 onzas de malvaviscos
- 6 tazas de arroz Krispie
- 3 cucharadas de chispas

INSTRUCCIONES:
a) Derrita los malvaviscos a fuego lento o en el microondas.
b) Agregue chispas de mantequilla y revuelva bien.
c) Agregue el cereal y revuelva bien rápidamente.
d) Presione en un molde de 9" x 13" cubierto con aceite en aerosol.

45. Cazuela De Smores

Rinde: 8 porciones

INGREDIENTES:
- 2 hojas de hojaldre congelado, descongelado
- 1 libra de queso crema, ablandado
- 1 taza de azúcar granulada
- Tarro de 7 onzas de crema de malvaviscos
- 9 galletas integrales
- 6 cucharadas mantequilla sin sal derretida
- 1 taza de chispas de chocolate semidulce
- 2 tazas de malvaviscos en miniatura

INSTRUCCIONES:

a) Precalentar el horno a 375°. Rocíe ligeramente un molde para hornear de 9 x 13 con spray antiadherente para cocinar. Enrolle 1 hoja de hojaldre lo suficientemente grande como para caber en el fondo de la fuente para hornear. Colocar la masa de hojaldre en el fondo del molde. Pinchar el hojaldre por todas partes con un tenedor.

b) Hornee por 4 minutos. Retire del horno y enfríe completamente antes de rellenar.

c) En un tazón, agregue el queso crema y ¾ de taza de azúcar granulada. Usando una batidora a velocidad media, batir hasta que quede suave y combinado. Agregue la crema de malvavisco al tazón. Mezcle hasta que esté combinado y extienda sobre la masa de hojaldre en la sartén.

d) Triture las galletas Graham en migas en un tazón pequeño. Agregue 2 cucharadas de azúcar granulada y 3 cucharadas de mantequilla al tazón. Revuelva hasta que esté combinado y espolvoree sobre la parte superior del relleno de crema.

e) Espolvorea las chispas de chocolate y los malvaviscos en miniatura por encima. Enrolle la segunda hoja de hojaldre lo suficientemente grande como para cubrir la parte superior.

f) Pinchar toda la masa con un tenedor y colocar sobre la parte superior de la cacerola. Cepille 3 cucharadas de mantequilla sobre la parte superior de la masa de hojaldre. Espolvorea el azúcar granulada restante por encima.

g) Hornee durante 12-15 minutos o hasta que la masa de hojaldre esté hinchada y dorada.

h) Retire del horno y enfríe durante 5 minutos antes de servir.

46. Smores de nutella

Rinde: 4-6 porciones

INGREDIENTES:
- 4 galletas graham enteras, partidas en dos mitades cuadradas
- 2 cucharadas de Nutella
- 2 cucharadas de crema de malvavisco

INSTRUCCIONES:
a) Ponga media cucharadita de avellana sobre cuatro mitades de galleta graham y media cucharadita de crema de malvavisco sobre las 3 mitades de galleta restantes.
b) Ahora tome una mitad de malvavisco y una mitad cubierta de avellana, y presione juntos.
c) Haga esto para que todas las galletas obtengan varios conjuntos y sirvan.

47. Dip de chocolate y canela

Hace: 6

INGREDIENTES:
- 1 paquete (8 onzas) de queso crema, ablandado
- 1 tarro (7 onzas) de crema de malvavisco
- 1 recipiente (12 onzas) de cobertura batida congelada, descongelada
- 1 cucharadita de canela molida
- ½ cucharadita de extracto de vainilla
- 2 ½ cucharadas de Nutella, como Nutella

INSTRUCCIONES:
a) Saque un tazón grande y mezcle el queso crema, la cobertura batida y la crema de malvavisco en una licuadora.
b) Ahora agregue la canela, la crema de chocolate y la vainilla y continúe mezclando.
c) Cubra esta salsa con una envoltura de plástico en un plato para servir antes de refrigerar durante una hora.
d) Disfrutar.

48. Corteza de Nutella de Fresa

Hace: 45

INGREDIENTES:
- 3 tazas de fresas, sin tallo y en cuartos
- 4 tazas de chispas de chocolate amargo, derretidas
- 3 tazas de mantequilla de maní, derretida
- 3 tazas de Nutella, derretida
- 2 tazas de crema de malvaviscos, derretida

INSTRUCCIONES:
a) Cubra una bandeja para hornear galletas con papel pergamino.
b) Consigue un tazón y agrega tus fresas.
c) Toma un machacador de papas y haz puré las fresas.
d) Combine en: crema de malvavisco, chocolate derretido, crema de avellanas y mantequilla de maní.
e) Ahora vierta esta mezcla en su bandeja para hornear galletas.
f) Coloque el contenido en la nevera durante 60 minutos.
g) Disfrutar.

49. Barras de brownie

Hace: 8

INGREDIENTES:
Duende:
- ½ taza de mantequilla, en cubos
- 1 onza de chocolate sin azúcar
- 2 huevos grandes, batidos
- 1 cucharadita de extracto de vainilla
- 1 taza de azúcar
- 1 taza de harina para todo uso
- 1 cucharadita de polvo de hornear
- 1 taza de nueces picadas

Relleno:
- 6 onzas de queso crema ablandado
- ½ taza de azúcar
- ¼ taza de mantequilla, ablandada
- 2 cucharadas de harina para todo uso
- 1 huevo grande, batido
- ½ cucharadita de extracto de vainilla

Adición:
- 1 taza de chispas de chocolate
- 1 taza de nueces picadas
- 2 tazas de mini malvaviscos

Crema:
- ¼ taza de mantequilla
- ¼ taza de leche
- 2 onzas de queso crema
- 1 onza de chocolate sin azúcar
- 3 tazas de azúcar glas
- 1 cucharadita de extracto de vainilla

INSTRUCCIONES:
a) En un tazón pequeño, agregue y bata todos los INGREDIENTES: para el relleno hasta que quede suave.
b) Derrita la mantequilla con el chocolate en una cacerola grande a fuego medio.
c) Mezcle bien, luego retire el chocolate derretido del fuego.
d) Ahora agregue la vainilla, los huevos, el polvo de hornear, la harina, el azúcar y las nueces y luego mezcle bien.
e) Extienda esta masa de chocolate en el SearPlate.
f) Rocíe nueces, malvaviscos y chispas de chocolate sobre la masa.
g) Transfiera el SearPlate al Digital Air Fryer Oven y cierre la puerta.
h) Seleccione el modo "Air Fry" girando el dial.
i) Presione el botón TIME/SLICES y cambie el valor a 28 minutos.
j) Presione el botón TEMP/SHADE y cambie el valor a 350 °F.
k) Presione Start/Stop para comenzar a cocinar.
l) Mientras tanto, prepara el glaseado calentando la mantequilla con el queso crema, el chocolate y la leche en una cacerola adecuada a fuego medio.
m) Mezcle bien, luego retírelo del fuego.
n) Agregue la vainilla y el azúcar, luego mezcle bien.
o) Vierta este glaseado sobre el brownie.
p) Deje que el brownie se enfríe y luego córtelo en barras.
q) Atender.

50. Golosinas De Cereal De Limonada Rosa

Rinde: 12 barras

INGREDIENTES:
- 6 tazas de cereal Rice Krispy
- Paquete de 16 onzas de mini malvaviscos
- 4 cucharadas de mantequilla salada
- ¾ cucharadita de extracto de limón
- 3 gotas de colorante alimentario rosa
- Asperja

INSTRUCCIONES:
a) En una olla grande, derrita la mantequilla y 7 tazas de mini malvaviscos a fuego medio.
b) Asegúrate de revolver cada 15-30 segundos hasta que los dos INGREDIENTES: estén combinados.
c) Mezcla unas gotas de colorante rosa para alimentos y extracto de limón.
d) Agregue el cereal Rice Krispy y mezcle hasta que todo esté cubierto con la mezcla de malvavisco.
e) Deje reposar durante 1 minuto para que se enfríe.
f) Agregue los malvaviscos restantes 1 taza a la vez. Revuelva después de cada adición.
g) Rocíe una sartén de 9x13 "con aceite en aerosol antiadherente y luego vierta la mezcla en la sartén.
h) Rocíe spray antiadherente para cocinar en sus manos y presione la mezcla hacia abajo en la sartén.
i) Agregue chispas por toda la parte superior y presione ligeramente hacia abajo.
j) Coloque en el refrigerador durante al menos 30 minutos.
k) Una vez que las golosinas estén frías, córtelas en porciones individuales.

PLATO PRINCIPAL

51. Cazuela De Batata Y Malvavisco

Rinde: 10 porciones

INGREDIENTES:
- 4 ½ libras de batatas
- 1 taza de azúcar granulada
- ½ taza de mantequilla vegana ablandada
- ¼ taza de leche vegetal
- 1 cucharadita de extracto de vainilla
- ¼ cucharadita de sal
- 1 ¼ tazas de cereal de hojuelas de maíz, triturado
- ¼ taza de nueces picadas
- 1 cucharada de azúcar moreno
- 1 cucharada de mantequilla vegana, derretida
- 1½ tazas de malvaviscos en miniatura

INSTRUCCIONES:
a) Precaliente el horno a 425 grados Fahrenheit.
b) Ase las batatas durante 1 hora o hasta que estén blandas.
c) Corte las batatas por la mitad y saque el interior en un plato para mezclar.
d) Con una batidora eléctrica, bata el puré de batatas, el azúcar granulada y los siguientes 5 ingredientes hasta que quede suave.
e) Coloque la mezcla de papas en una fuente para hornear de 11 x 7 pulgadas que haya sido engrasada.
f) En un tazón, combine el cereal de hojuelas de maíz y los siguientes tres ingredientes.
g) Espolvorea en filas diagonales a 2 pulgadas de distancia sobre el plato.
h) Hornee por 30 minutos.
i) Entre filas de hojuelas de maíz, espolvorea malvaviscos; hornee por 10 minutos.

52. Cinco tazas de ensalada de frutas.

Rinde: 8 porciones

INGREDIENTE:
- Lata de 11 onzas de mandarinas, escurridas
- Lata de 13½ onzas de trozos de piña, escurridos
- ½ taza de jugo de piña
- 1½ taza de malvaviscos en miniatura
- 2 tazas de crema agria
- 3½ onzas de coco rallado
- 1 taza de uvas/cerezas para decorar

INSTRUCCIONES:
a) Combine todos los ingredientes excepto la guarnición y enfríe durante varias horas o toda la noche.
b) Sirva en copas de lechuga adornadas con uvas o cerezas.

53. Ensalada de frutas congeladas

Rinde: 6 porciones

INGREDIENTES:
- 1 Sobre de gelatina sin sabor
- ½ taza de agua hirviendo
- 16 onzas de coctel de frutas en almíbar
- ½ taza de Mayonesa o Miracle Whip
- 2½ tazas de crema batida endulzada

INSTRUCCIONES:
a) Agregue ¾ de taza de malvaviscos al mismo tiempo que la crema batida, si lo desea.
b) Disolver la gelatina en agua hirviendo. Deje enfriar un poco y luego agregue el cóctel de frutas y la mayonesa. Refrigere por 10 minutos. Incorpore la crema batida.
c) Vierta en un molde pequeño para pan o en una fuente para hornear y congele. Rebane o corte en cuadrados y sirva sobre lechuga.
d) Enfriar por un par de horas.

54. Ensalada de frutas de naranja

Rinde: 12 porciones

Ingrediente
- 2 tazas de agua hirviendo dividida
- 3 onzas de gelatina de limón
- 2 tazas de cubitos de hielo, divididos
- 3 onzas de gelatina de naranja
- 20 onzas triturar piña
- 2 tazas mín. Malvaviscos
- 3 plátanos grandes en rodajas
- ½ taza de queso cheddar rallado fino
- 1 taza de jugo de piña reservado
- ½ taza de azúcar
- Huevo batido
- 1 cucharada de oleo
- 1 taza de crema para batir
- 2 cucharadas de maicena

INSTRUCCIONES:
a) Vierta en un molde para hornear de 13"x9"x2". Refrigere hasta que cuaje. Repita con la gelatina de naranja, con el hielo restante y el agua.
b) Agregue los malvaviscos. Vierta sobre la capa de limón; refrigere hasta que cuaje. Para el aderezo, combine el jugo de piña, el huevo de azúcar, la maicena y la mantequilla en una sartén.
c) Cocine a fuego medio revolviendo constantemente hasta que espese.
d) Cubra y refrigere durante la noche. Al día siguiente, coloque los plátanos con crema batida sobre gelatina.
e) Combina el aderezo con la crema batida; esparcir sobre los plátanos, espolvorear con queso.

55. ensalada de pistacho

Rinde: 8 porciones

INGREDIENTES:
- paquete de 9 onzas. cobertura batida
- 1 paquete de budín de pistacho
- 1 lata de piña triturada, escurrida
- 1 taza de malvaviscos en miniatura

INSTRUCCIONES:
a) Dobla la mezcla de pudín seco en la cobertura batida. agregue la piña y los malvaviscos.
b) Refrigere hasta que esté firme.

56. Pastel de carne al horno holandés

INGREDIENTES:
- 2 libras de carne molida
- 3 cebollas, picadas
- 3 papas, con piel, cubo de ½"
- 2 zanahorias, ralladas
- 1 taza de papas fritas
- 2 malvaviscos grandes
- ⅔ taza de salsa de tomate
- 2 onzas de Tabasco

INSTRUCCIONES:
a) Puré INGREDIENTES: juntos. Colocar en horno holandés.
b) Coloque la tapa y colóquela sobre una pequeña pila de brasas (4-5) y cubra la tapa con brasas adicionales (4-5).
c) Cocine por aproximadamente 30 minutos.

57. ensalada de frutas para niños

Rinde: 5 tazas

INGREDIENTES:
- Lata de 17 onzas de coctel de frutas, escurrida
- 1½ taza de malvaviscos en miniatura
- 2 plátanos medianos, en rodajas
- 1 manzana mediana, picada en trozos grandes
- 2 cucharadas de jugo de Yuzu
- ¼ taza de cerezas al marrasquino, cortadas a la mitad
- 1½ taza de látigo fresco

INSTRUCCIONES:
a) Revuelva las manzanas y los plátanos en rodajas en el jugo de Yuzu para evitar que se oscurezcan.
b) En un tazón grande, combine todos los ingredientes excepto el látigo fresco. Doble suavemente el látigo frío.
c) Cubra y enfríe hasta que se sirva.
d) Los niños profundizan en esto: piensan que es el látigo genial que les interesa.

58. Ensalada de frutas con gominolas

Rinde: 10 porciones

INGREDIENTES:
- 1 taza de crema para batir
- 2½ tazas de cositas de piña, escurridas
- 2 tazas de uvas sin semillas
- 2 tazas de malvaviscos en miniatura
- ¾ taza de Gomitas, cortadas finas
- Frasco de 4 onzas de cerezas al marrasquino, cortadas
- ½ taza de pecanas picadas
- ½ taza de jugo de piña
- ¼ de taza) de azúcar
- 2 cucharadas de harina
- ¼ de cucharadita de sal
- 3 cucharadas de jugo de yuzu
- 1½ cucharadita de vinagre

INSTRUCCIONES:
a) Batir la nata y mezclar todos los ingredientes. Agregue el aderezo enfriado y refrigere durante la noche.
b) Mezcle todos los ingredientes en una cacerola y cocine hasta que espese, revolviendo constantemente.
c) Enfriar antes de agregar a la ensalada.

59. Ensalada de frutas congeladas de Kentucky

Rinde: 8 porciones

INGREDIENTES:
- 2 Yuzus, jugo de
- ⅛ cucharadita de sal
- ¾ taza de jugo de piña
- 4 cucharadas de azúcar
- 3 yemas de huevo
- 3 cucharadas de harina
- 1 lata de trozos de piña
- 1 lata de cerezas Royal Anne sin semillas
- Pocas cerezas marrasquino rojas y verdes cortadas
- 1 taza de crema batida
- almendras, opcional
- ¼ libras de malvaviscos

INSTRUCCIONES:
    a) Mezcle el jugo de Yuzu, la sal, el jugo de piña, el azúcar, las yemas de huevo y la harina. Cocine hasta que espese. Fresco.
    b) Agregue trozos de piña, cerezas y malvaviscos.
    c) Incorpore la crema batida.
    d) Llene las bandejas de cubitos de hielo vacías y congélelas.
    e) Cortar y servir sobre hojas de lechuga. Se puede preparar días antes de las porciones.

60. Cóctel de frutas de malvavisco

Hace: 1 porción

INGREDIENTES:
- 8 onzas de cobertura batida
- Tres latas de 15 onzas de coctel de frutas en almíbar espeso
- 2 tazas de coco rallado
- 3 tazas de Mini malvaviscos
- 2 tazas de pasas
- 2 plátanos medianos

INSTRUCCIONES:
a) Abre las latas y escurre el almíbar. Colocar el cóctel en un bol.
b) Cortar los plátanos en rodajas del tamaño de un bocado.
c) Agregue los demás ingredientes, revolviendo la mezcla combinada con cada nueva adición.
d) Agregue la cobertura batida al final, asegurándose de que esté bien mezclado en toda la mezcla.
e) Enfriar por un par de horas.

61. Ensalada de frutas al limón

Hace: 1 porción

INGREDIENTES:
- Paquete de 3 onzas de mezcla de pudín instantáneo de limón
- Cóctel de frutas en lata de 16 onzas, jugo incluido
- Lata de 14 onzas de piña triturada, jugo incluido
- 1 lata de mandarinas bien escurridas
- 8 onzas de látigo frío, descongelado
- 1 taza de malvaviscos en miniatura

INSTRUCCIONES:
a) Combina todo en un tazón grande. Mezclar bien. Enfriar durante unas 24 horas antes de servir. Si lo desea, colóquelo en un molde para pasteles en lugar de en un tazón. Luego se puede cortar en cuadrados para servir.
b) Si lo desea, también se pueden agregar nueces, cerezas al marrasquino y el coco.

62. Ensalada de frutas congelada de la abuela

Rinde: 6 porciones

INGREDIENTES:
- 1 lata de coctel de frutas
- 1 lata de mitades de albaricoque
- 1 lata de piña en trozos
- 4 onzas de malvaviscos en miniatura
- 1 paquete de gelatina sin sabor
- 4 onzas de cerezas al marrasquino
- 4 onzas de queso crema suave
- ½ taza de aderezo para ensaladas
- ¾ taza de crema para batir, batida
- Extra albaricoques y menta

INSTRUCCIONES:
a) Escurra el cóctel de frutas, los albaricoques y la piña. Coloque la fruta en un tazón grande. Agregue malvaviscos. Dejar de lado.
b) Coloque los jugos de frutas en una cacerola. Agregue la gelatina. Coloque a fuego medio. Caliente, revolviendo, hasta que la gelatina se disuelva.
c) Enfriar un poco. Vierta sobre la fruta. Agregue las cerezas cortadas en cubitos y el jugo de cereza.
d) En un recipiente aparte, mezcle el queso crema y el aderezo para ensaladas.
e) Agregue a la mezcla de frutas, mezcle bien.
f) Cubra y enfríe hasta que esté parcialmente listo. Incorpore la crema batida. Transfiera a una fuente para servir de 7 1⅓ por 11 pulgadas.
g) Cubra y coloque en el congelador durante 4 a 6 horas o toda la noche. Cortar en cuadrados para servir. Adorne con albaricoques y una ramita de menta.

POSTRE

63. Fudge de clavel malvavisco

Rinde: 2 porciones

INGREDIENTES:
- 2 cucharadas de mantequilla o margarina
- ⅔ taza de leche evaporada sin diluir
- 1½ tazas de azúcar granulada
- ¼ de cucharadita de sal
- 2 tazas de malvaviscos miniatura
- 1½ tazas de bocados de chocolate semidulce
- 1 cucharadita de extracto de vainilla
- ½ taza de pecanas o nueces picadas

INSTRUCCIONES:
a) Unte con mantequilla un molde cuadrado de 8 pulgadas.
b) En una sartén, combine la mantequilla, la leche evaporada, el azúcar y la sal.
c) Hacer hervir removiendo constantemente.
d) Hervir durante 4 a 5 minutos, revolviendo constantemente, y retirar del fuego.
e) Agregue los malvaviscos, los bocados, la vainilla y las nueces.
f) Revuelva vigorosamente durante 1 minuto o hasta que los malvaviscos se derritan por completo.
g) Vierta en la sartén. Dejar enfriar y cortar en cuadrados. Sugerencia Para un dulce de azúcar más espeso, use un molde para pan de 7x5 pulgadas.

64. pastel de funfetti

Rinde: 12 porciones

INGREDIENTES:
- 1 paquete de mezcla húmeda para pastel amarillo
- 1 paquete de mezcla de pudín instantáneo de vainilla
- 4 huevos
- 1 taza de agua
- ½ taza de aceite Crisco
- 1 taza de chispas de chocolate mini semidulce
- 1 taza de mini malvaviscos de colores
- ⅔ taza de glaseado de pastel de capas de chocolate
- 2 cucharadas de chispas de chocolate mini semidulce

INSTRUCCIONES:
a) Precaliente el horno a 350 grados Fahrenheit.
b) Mantequilla y harina en un molde para hornear de 13x9x2 pulgadas.

PARA HACER LA TORTA
c) Batir la mezcla para pastel, la mezcla para pudín, los huevos, el agua y el aceite con una batidora eléctrica
d) Agregue las micro chispas de chocolate y luego vierta todo en la sartén.
e) Hornee por 45 minutos a 350 grados F.

PARA LA CORTE
f) Espolvoree los malvaviscos de manera uniforme sobre el pastel caliente de inmediato. Llene un recipiente apto para microondas hasta la mitad con glaseado.
g) Microondas durante 25-30 segundos en ALTO.
h) Revuelva hasta que la mezcla esté completamente suave.
i) Rocíe sobre los malvaviscos y el pastel de manera uniforme.
j) Agregue 2 cucharadas de chispas de chocolate encima.
k) Permita que se enfríe por completo.

65. S'mores de bizcocho a la parrilla

Rinde: 4 porciones

INGREDIENTES:
- 1 taza de bocados de chocolate semidulce
- Bizcocho congelado de 10.75 onzas, descongelado
- 1 taza de crema de malvavisco
- Helado de vainilla

INSTRUCCIONES:
a) Corta el pastel horizontalmente en tres capas.
b) Extienda ½ taza de crema de malvavisco y ½ de los bocados sobre el nivel inferior en una hoja grande de papel aluminio resistente.
c) Para garantizar un sellado seguro, superponga los bordes de la lámina.
d) Ase a la parrilla durante 7-20 minutos a fuego lento sin tapa de la parrilla.

66. Galletas de malvavisco con copos de maíz

Hace: 20 galletas

INGREDIENTES:
- 16 cucharadas de mantequilla
- 1¼ tazas de azúcar granulada
- ¼ taza de azúcar moreno claro
- 1 huevo
- ½ cucharadita de extracto de vainilla
- 1½ tazas de harina
- ½ cucharadita de levadura en polvo
- ¼ de cucharadita de bicarbonato de sodio
- 1¼ cucharaditas de sal kosher
- 3 tazas de copos de maíz crujientes
- ¼ taza de chispas de chocolate pequeñas
- 1¼ tazas de mini malvaviscos

INSTRUCCIONES:
a) Combine la mantequilla y los azúcares en el tazón de una batidora de pie equipada con el accesorio de paleta y mezcle a velocidad media-alta durante 2 a 3 minutos. Raspe los lados del tazón, agregue el huevo y la vainilla, y bata durante 7 a 8 minutos.
b) Reduzca la velocidad de la batidora a baja y agregue la harina, el polvo de hornear, el bicarbonato de sodio y la sal. Mezcle hasta que la masa se junte, no más de 1 minuto.
c) Raspe los lados del tazón con una espátula.
d) Todavía a baja velocidad, agregue el crujiente de copos de maíz y las mini chispas de chocolate hasta que se incorporen, no más de 30 a 45 segundos.
e) Remar en los mini malvaviscos solo hasta que se incorporen.
f) Usando una bola de helado de 2¾ onzas, divida la masa en una bandeja para hornear forrada con pergamino. Aplana la parte superior de las cúpulas de masa para galletas. Envuelva bien la bandeja para hornear en una envoltura de plástico y refrigere durante al menos 1 hora o hasta 1 semana.

g) Caliente el horno a 375°F.
h) Coloque la masa enfriada con un mínimo de 4 pulgadas de distancia en bandejas para hornear forradas con pergamino o Silpat. Hornear durante 18 minutos. Las galletas se inflarán, crujirán y se esparcirán.
i) En la marca de 18 minutos, las galletas deben estar doradas en los bordes y comenzando a dorarse hacia el centro.
j) Déjalas en el horno durante un minuto más o más si no lo están y todavía se ven pálidas y pastosas en la superficie.
k) Enfríe las galletas por completo en las bandejas antes de transferirlas a un plato o a un recipiente hermético para guardarlas. A temperatura ambiente, las galletas se mantendrán frescas durante 5 días; en el congelador, se mantendrán durante 1 mes.

67. pastel de saltamontes

Hace: 1

INGREDIENTES:
- 1 porción de pastel de brownie, preparado en el paso 8
- 1 porción de relleno de pastel de queso con menta
- 20 g mini chispas de chocolate [2 cucharadas]
- 25 g mini malvaviscos [½ taza]
- 1 porción de glaseado de menta, tibio

INSTRUCCIONES:
a) Caliente el horno a 350°F.
b) Tome una bandeja para hornear y coloque la lata de pastel de masa graham sobre ella. Vierta el relleno de pastel de queso con menta en la cáscara. Vierta la masa de brownie encima. Usa la punta de un cuchillo para revolver la masa y el relleno de menta, provocando rayas del relleno de menta para que se vean a través de la masa de brownie.
c) Espolvoree las mini chispas de chocolate en un pequeño anillo en el centro del pastel, dejando vacío el centro de la diana. Espolvorea los mini malvaviscos en un anillo alrededor del anillo de chispas de chocolate.
d) Hornea la tarta durante 25 minutos. Debe hincharse ligeramente en los bordes, pero aún estar ondulado en el centro. Las mini chispas de chocolate se verán como si estuvieran comenzando a derretirse, y los mini malvaviscos deben estar bronceados de manera uniforme. Deje el pastel en el horno durante 3 a 4 minutos adicionales si este no es el caso.
e) Enfríe el pastel por completo antes de terminarlo.
f) Asegúrate de que tu glaseado aún esté tibio al tacto. Sumerja los dientes de un tenedor en el glaseado tibio, luego cuelgue el tenedor aproximadamente 1 pulgada por encima del centro del pastel.
g) Transfiera el pastel al refrigerador para que el glaseado de menta se reafirme antes de servir, lo que sucederá tan pronto como esté frío, aproximadamente 15 minutos. Envuelto en plástico, el pastel se mantendrá fresco en el refrigerador hasta por 1 semana o en el congelador hasta por 2 semanas.

68. Pastel de chocolate con capas de malta

Hace: 1

INGREDIENTES:
- 1 porción de Pastel de Chocolate
- 1 porción de Ovaltine Soak
- 1 porción de salsa de dulce de malta, tibia
- ½ porción de miga de leche malteada
- 1 porción de malvaviscos carbonizados

INSTRUCCIONES:
a) Ponga un trozo de pergamino o un Silpat en el mostrador. Invierta el pastel sobre él y retire el pergamino o Silpat del fondo del pastel. Use el anillo de pastel para estampar 2 círculos del pastel. Estas son tus 2 mejores capas de pastel. El resto de la torta se juntará para hacer la capa inferior de la torta.

EL FONDO
a) Limpie el anillo de la torta y colóquelo en el centro de una bandeja para hornear forrada con pergamino limpio o un Silpat. Use 1 tira de acetato para forrar el interior del anillo de pastel.
b) Coloque los restos de pastel dentro del anillo y use el dorso de la mano para apisonar los restos en una capa plana y uniforme.
c) Sumerge una brocha de repostería en el remojo de Ovaltine y dale a la capa de pastel un baño bueno y saludable de la mitad del remojo.
d) Usa el dorso de una cuchara para esparcir una quinta parte de la salsa de chocolate de malta en una capa uniforme sobre el pastel.
e) Espolvorea la mitad de las migas de leche malteada y un tercio de los malvaviscos carbonizados de manera uniforme sobre la salsa de dulce de malta. Use el dorso de su mano para anclarlos en su lugar.
f) Usa el dorso de una cuchara para esparcir otra quinta parte de la salsa de chocolate de malta lo más uniformemente posible sobre las migas y los malvaviscos.

LA MITAD
a) Con el dedo índice, mete suavemente la segunda tira de acetato entre el anillo del pastel y el ¼ de pulgada superior de la primera tira de acetato, de modo que tengas un anillo transparente de acetato de 5 a 6 pulgadas de alto, lo suficientemente alto como para soportar la altura de el pastel terminado. Coloque un pastel redondo encima de la salsa y repita el proceso para la capa 1.

LA PARTE SUPERIOR
a) Coloque el pastel restante en la salsa. Cubre la parte superior del pastel con la salsa de chocolate restante. Como es una salsa, no un glaseado, aquí no tienes más remedio que hacer una parte superior brillante y perfectamente plana. Adorne con los malvaviscos carbonizados restantes.
b) Transfiera la bandeja para hornear al congelador y congele durante un mínimo de 12 horas para fijar el pastel y el relleno. El pastel se mantendrá en el congelador hasta por 2 semanas.
c) Al menos 3 horas antes de que esté listo para servir el pastel, saque la bandeja para hornear del congelador y, con los dedos y los pulgares, saque el pastel del anillo para pasteles. Despegue suavemente el acetato y transfiera el pastel a un plato o soporte para pasteles. Deja que se descongele en la nevera un mínimo de 3 horas.
d) Cortar el pastel en gajos y servir.

69. Helado de adoquines de Charleston

Rinde: ½ galón

INGREDIENTES:
- 1 ½ onzas de chocolate horneado sin azúcar
- 1 taza mitad y mitad
- ⅓ taza de azúcar granulada
- 1 taza de crema para batir
- 6 yemas de huevo
- ⅓ taza de azúcar granulada
- ¼ taza de mantequilla sin sal ablandada
- 1 cucharadita de extracto de vainilla
- 1 taza de malvaviscos en miniatura
- 1 taza de almendras tostadas y picadas
- 1 taza de pasas
- 1 taza de chispas de chocolate en miniatura

INSTRUCCIONES:

a) En una cacerola pequeña, a fuego lento, derrita el chocolate con mitad y mitad. Revuelva hasta que quede suave. Dejar de lado.

b) En una cacerola mediana, combine ⅓ taza de azúcar y crema, y a fuego medio, bata las yemas de huevo y la otra ⅓ taza de azúcar hasta que estén claras y de color limón. Templar la mezcla de yema de huevo revolviendo aproximadamente la mitad de la mezcla de crema muy caliente. Vierta la mezcla de huevo en una cacerola y continúe cocinando hasta que espese.

c) Retire del fuego y agregue la mantequilla blanda y el extracto de vainilla. Agregue la mezcla de chocolate y revuelva hasta que esté bastante suave y bien mezclado. Deje enfriar, luego refrigere.

d) Antes de batir, agregue malvaviscos, almendras, pasas y papas fritas.

70. Helado De Malva Chocolate

Rinde: 4 porciones

INGREDIENTES:
- ½ taza de chispas de chocolate semidulce
- ½ taza más ⅔ taza de crema espesa
- ¼ taza de agua
- 8 malvaviscos, cortados

INSTRUCCIONES:
a) Combine chispas de chocolate, ½ taza de crema, agua y malvaviscos en una cacerola de 2 cuartos. Cocine y revuelva a fuego lento hasta que el chocolate y los malvaviscos se derritan. Alejar del calor; enfríe completamente.
b) Batir ⅔ de taza de crema hasta que esté firme. Doblar en la mezcla de chocolate frío hasta que esté bien mezclado. Congele en una bandeja de cubitos de hielo; no revuelvas

71. Helado de grosella espinosa y malvavisco

Rinde: 4 porciones

INGREDIENTES:
- 12 malvaviscos blancos grandes
- ¾ taza de leche evaporada
- 1 libra de grosellas frescas o congeladas
- ⅓ taza de azúcar granulada
- ⅔ taza de crema, batida
- ¼ taza de jarabe de maíz ligero

INSTRUCCIONES:
a) Derrita los malvaviscos con leche evaporada en un recipiente colocado sobre una cacerola con agua tibia, revolviendo hasta que quede suave. En una cacerola, cocine la mitad de las grosellas en 2 cucharadas de agua a fuego lento durante unos 5 minutos o hasta que la piel reviente y la fruta se ablande. Agregue el azúcar, luego cuele. Dejar enfriar.
b) Dobla la crema batida y vierte en un recipiente. Cubra y congele hasta que esté firme.
c) Haga una salsa cocinando las grosellas restantes con jarabe de maíz y 2 cucharadas de agua en una sartén tapada a fuego lento hasta que la fruta se ablande. Pasar por un colador y reservar.
d) Aproximadamente 45 minutos antes de servir, transfiera el helado al refrigerador. Justo antes de servir, caliente la salsa suavemente si es necesario. Coloque el helado entre los macarrones y vierta la salsa por encima.

72. Helado de camino rocoso

Rinde: alrededor de 1 ¾ pintas

INGREDIENTES:
- ⅓ taza de azúcar superfina
- 2 tazas de leche entera, fría
- ¼ taza de cacao en polvo sin azúcar
- ½ chocolate con leche, troceado
- 2 cucharaditas de extracto puro de vainilla
- 1 taza de crema espesa, batida y enfriada
- 1 taza de mini malvaviscos
- ½ taza mezcla de nueces picadas y almendras en rodajas

INSTRUCCIONES:
a) Calentar el azúcar en una cacerola con la mitad de la leche, el cacao en polvo y el chocolate, removiendo de vez en cuando. Cuando el chocolate se haya disuelto por completo y la mezcla esté bien mezclada, deja enfriar por completo.
b) Cuando se enfríe, agregue la vainilla y el resto de la leche. Batir esto gradualmente en la crema batida.
c) Vierta en una máquina para hacer helados y procese de acuerdo con las instrucciones. Cuando esté casi congelado, vierta el helado en un recipiente para congelar y agregue rápidamente los malvaviscos y las nueces. Si no tiene una máquina para hacer helados, siga las INSTRUCCIONES para mezclar a mano: y agregue los malvaviscos y las nueces después de batir el helado por última vez. Congele durante 15 minutos antes de servir o hasta que se requiera.
d) Guárdelo en el congelador hasta por 2 semanas, pero sáquelo 15 minutos antes de servirlo para que se ablande.

73. **Helado de lima**

Rinde: 4 porciones

INGREDIENTES:
- ¾ taza de azúcar granulada
- 2 huevos
- ½ cucharadita de piel de lima rallada
- 1 taza de leche entera
- 1 taza de malvaviscos en miniatura
- 1 taza de crema para batir
- ½ taza de jugo de lima Key
- 3 gotas de colorante alimentario verde

INSTRUCCIONES:
a) Combine el azúcar y los huevos, mezclando bien. Añadir la piel de lima y la leche. Cocine a fuego medio hasta que espese un poco. Retire del fuego y agregue los malvaviscos, revolviendo hasta que se derrita. Fresco
b) Agregue jugo de lima Key y crema batida a la mezcla enfriada.
c) Agregue colorante para alimentos según lo desee. Congelar según las instrucciones de la heladera.

74. Tazas de mousse de chocolate S'mores

Rinde: 4 porciones

INGREDIENTES:
- 1 taza de migas de galleta graham
- 2 yemas de huevo
- ¼ de taza) de azúcar
- ½ taza de crema espesa para batir
- ½ taza de chocolate
- ¾ taza de crema espesa para batir

INSTRUCCIONES:
a) Bate las yemas de huevo en un tazón pequeño con una batidora eléctrica a alta velocidad durante unos 3 minutos o hasta que estén espesas y de color limón. Poco a poco batir en azúcar.
b) Caliente ½ taza de crema batida en una cacerola de 2 cuartos a fuego medio hasta que esté caliente. Revuelva gradualmente al menos la mitad de la crema batida caliente en la mezcla de yema de huevo; revuelva en la crema caliente en una cacerola. Cocine a fuego lento durante unos 3 minutos, revolviendo constantemente, hasta que la mezcla espese.
c) Agregue las chispas de chocolate hasta que se derrita. Cubra y refrigere durante aproximadamente 2 horas, revolviendo ocasionalmente, hasta que se enfríe.
d) Bate ¾ tazas de crema batida en un tazón mediano frío con una batidora eléctrica a alta velocidad hasta que esté firme. Doble la mezcla de chocolate en crema batida.
e) Vierta o cuchare la mezcla en tazones para servir. Refrigere inmediatamente cualquier postre restante después de servir.
f) Cubra con crema de malvavisco y tostadas gigantes de malvavisco.

75. Torta en taza de Frankenstein

Rinde: 12 porciones

INGREDIENTES:
PARA LAS MAGDALENAS:
- 200 g de mantequilla blanda
- 175 g de azúcar moreno dorado
- 250 g de harina leudante
- 1 cucharadita de polvo de hornear
- ¼ cucharadita de sal
- 3 huevos grandes
- ½ cucharadita de extracto de vainilla
- 100 ml de leche

PARA DECORAR:
- 300 g de azúcar glas, tamizada
- 2-3 cucharadas de leche
- pasta colorante verde para alimentos
- 36 malvaviscos mini, 12 cortados por la mitad, para los ojos

INSTRUCCIONES:

a) Calentar el horno a 180C/160C ventilador/gas 4 y forrar un molde para muffins de 12 hoyos con moldes para muffins profundos. Batir la mantequilla con el azúcar hasta que quede pálida y esponjosa. Agregue los INGREDIENTES restantes de la torta: y bata hasta que quede suave.

b) Vierta en los moldes para muffins y hornee durante 20 minutos o hasta que esté dorado y al insertar un palillo en uno de los pasteles del medio, éste salga limpio. Enfriar durante 5 minutos en la lata, luego completamente sobre una rejilla.

c) Con un cuchillo de sierra pequeño y afilado, corte un pedazo de pastel en semicírculo de la izquierda y la derecha de cada pastel, para hacer bordes escalonados, al nivel del molde para cupcakes.

d) A continuación, haz un corte a lo ancho de unos 3 cm desde la parte superior del pastel, de aproximadamente 1 cm de profundidad. Corta un trozo de 5 mm de la superficie del pastel para que coincida con este corte, para hacer una cara plana y levantada y una frente prominente. Enfriar durante 10 minutos para reafirmar las migajas.

e) Mezcle el azúcar glas, la leche y el colorante verde para hacer un glaseado muy espeso que fluya lentamente de la cuchara. Vierta 1 cucharada en un pastel y deje que comience a extenderse. sobre la forma cortada. Facilite aquí y allá con una espátula para cubrirlo.

f) Agregue pernos de cuello y ojos de malvavisco. Repita para cada magdalena.

g) Dejar reposar, luego aplicar con tubo en la cara y el cabello.

76. Pastel de telaraña

Hace: 12

INGREDIENTES:
- Caja de 18.5 onzas de mezcla para pastel de chocolate, rebozada
- 1 taza de mini malvaviscos
- recipiente de 16 onzas de glaseado blanco
- 4 gotas de colorante alimentario rojo
- 4 gotas de colorante alimentario amarillo
- 2 gominolas negras
- 1 tubo de gel negro para decorar o 1 hilo de regaliz negro

INSTRUCCIONES:
a) Precaliente el horno a 350 grados F. Cubra dos moldes para pasteles de 8 pulgadas con aceite en aerosol. Vierta la masa para pastel en los moldes y hornee durante 28 a 30 minutos, o hasta que al insertar un palillo en el centro, éste salga limpio.
b) Mientras aún está caliente, invierta un pastel en un plato para servir. Cubra con mini malvaviscos y coloque la segunda capa de pastel con el lado derecho hacia arriba sobre los malvaviscos. Deje reposar durante 5 minutos para que los malvaviscos se derritan y luego enfríe hasta que estén firmes.
c) En un tazón pequeño, mezcle 1-¼ tazas de glaseado blanco con colorantes alimentarios rojo y amarillo hasta que el glaseado sea naranja. Escarcha la parte superior y los lados del pastel.
d) Coloque el glaseado blanco restante en una bolsa de almacenamiento de plástico con cierre. Corta una punta muy pequeña de la esquina de la bolsa y coloca un diseño de telaraña encima del pastel.
e) Coloque una gominola negra en Spiderweb y dibuje las piernas con un gel negro o forme con regaliz para que parezca una araña.
f) Repita con la gominola y el gel restantes para formar una segunda araña.

77. Dulce de cinco minutos

Rinde: 4 porciones

INGREDIENTES:
- ⅔ taza de leche evaporada
- 1⅔ taza de azúcar
- ½ cucharadita de sal
- 1½ taza de malvaviscos
- 1½ tazas de chispas de chocolate
- 1 cucharadita de vainilla

INSTRUCCIONES:
a) Combine la leche, el azúcar y la sal en una cacerola a fuego medio.
b) Llevar a ebullición y cocinar durante 4-5 minutos, revolviendo constantemente. Alejar del calor.
c) Agregue malvaviscos, chispas de chocolate y vainilla.
d) Revuelva vigorosamente durante 1 minuto.
e) Vierta en un molde cuadrado de 8 "enmantequillado.
f) Enfriar hasta que no se caiga o se derrame en la sartén.
g) Agregue ½ taza de nueces picadas antes de verterlas en una sartén.

78. mousse de huevo de pascua

Rinde: 4 porciones

INGREDIENTES:
- 8 barras de chocolate de 25 g
- 25 g de mantequilla
- 75 g de malvaviscos Freedom
- 30 ml de agua
- ½ cucharadita de extracto de vainilla
- 140ml crema doble

INSTRUCCIONES:
a) Derrita 3 de las barras de chocolate en un recipiente resistente al calor sobre una cacerola con agua hirviendo.
b) Retire las mitades de huevo de los moldes y vuelva a colocarlos en la nevera.
c) Coloque las barras de chocolate restantes, la mantequilla, los malvaviscos y el agua en una cacerola pequeña.
d) Cocine a fuego lento y revuelva bien hasta que la mezcla tenga una textura suave. Retire del fuego y deje enfriar.
e) Agregue el extracto de vainilla a la crema doble y bata hasta que se formen picos firmes.
f) Doble suavemente la crema doble batida en la mezcla suave de chocolate y divídala en partes iguales entre los moldes para huevos de Pascua.

79. Helado De Malvavisco De Piña

Rinde: 6 porciones

INGREDIENTES:
- 1 taza de malvaviscos en miniatura
- ½ taza de vino blanco semiseco o jugo de manzana sin azúcar
- 1 ⅔ tazas de piña triturada en lata, bien escurrida, reserva el almíbar
- 1 ¼ tazas de crema, batida
- ¼ taza de cerezas al marrasquino escurridas, picadas

INSTRUCCIONES:
a) Ponga los malvaviscos, el vino o el jugo de manzana y el jarabe de piña en una cacerola a fuego lento, revolviendo constantemente, hasta que los malvaviscos se hayan disuelto. Dejar enfriar.
b) Incorpore la crema a la mezcla de malvaviscos enfriada. Vierta en un recipiente, cubra y congele hasta la etapa de granizado. Batir bien en un bol. Dobla la piña triturada y las cerezas en la mezcla congelada. Regrese al recipiente, cubra y congele hasta que esté firme.
c) Aproximadamente 20 minutos antes de servir, transfiera el helado al refrigerador. Decora cada porción con cubos de piña, mitades de cereza marrasquino y hojas de menta heladas.

80. Fondue de Chata con Ron Caramelo

Rinde: 12 porciones

INGREDIENTES:
- 7 onzas de caramelos
- ¼ taza de malvaviscos en miniatura
- ⅓ taza de crema para batir
- 2 cucharaditas de ron chata

INSTRUCCIONES:
a) Combine los caramelos y la crema en una olla de barro.
b) Tape y caliente hasta que se derrita, de 30 a 60 minutos.
c) Agregue los malvaviscos y la rumchata.
d) Tape y continúe cocinando durante 30 minutos.
e) Sirva con gajos de manzana o bizcocho.

81. fondue de ron con caramelo

Rinde: 12 porciones

INGREDIENTES:
- 7 onzas de caramelos
- ¼ taza de malvaviscos en miniatura
- ⅓ taza de crema para batir
- 2 cucharaditas de ron o 1/4 t de extracto de ron

INSTRUCCIONES:
a) Combine los caramelos y la crema en una olla de barro. Tape y caliente hasta que se derrita, de 30 a 60 minutos.
b) Agregue los malvaviscos y el ron.
c) Tape y continúe cocinando 30 minutos.
d) Sirva con gajos de manzana o bizcocho.

82. Fondue de chocolate con caramelo

Rinde: 1 porciones

INGREDIENTES:
- 14 onzas de leche condensada azucarada
- 6 onzas de trozos de caramelo
- 4 cuadrados de chocolate sin azúcar
- 7 onzas de pelusa de malvavisco
- ½ taza de leche
- 1 cucharadita de vainilla
- ½ taza de coco; opcional

INSTRUCCIONES:
a) Mezcle todos los ingredientes y revuelva a fuego lento hasta que el chocolate y el caramelo se derritan.
b) Agregue leche si se vuelve demasiado espesa.
c) Servir con fruta fresca. Fresas, manzana, piña, plátanos, cerezas.

83. Fondue de chocolate con moca

Rinde: 4 porciones

INGREDIENTES:
- 1 cucharada de mantequilla
- 1 tarro de crema de malvaviscos
- ⅓ taza de licor de café
- chocolate sin azúcar

INSTRUCCIONES:
a) Derrita la mantequilla, el chocolate y la crema de malvavisco en una olla de fondue a temperatura alta, revolviendo ocasionalmente para mezclar. Cuando esté bien mezclado, agregue el licor de café y revuelva bien. Reduzca el fuego a bajo para servir.

84. Fondue de caramelo

Rinde: 1 porciones

INGREDIENTES:
- 1 paquete de caramelos Kraft (grandes)
- ¼ taza de leche
- ¼ taza de café negro fuerte
- ½ taza de chispas de chocolate con leche --
- Gajos de manzana
- Trozos de plátano
- Malvaviscos
- Pastel de ángel: cubos de 1 pulgada

INSTRUCCIONES:
a) Coloque los caramelos, la leche, el café y las chispas de chocolate en la parte superior de la caldera doble; cocine sobre agua hirviendo, revolviendo, hasta que se derrita y se mezcle. Colocar en una olla de fondue. Spear frutas, malvaviscos y pastel en tenedores de fondue; sumergir en fondue.

85. Trifle de tutti frutti

Rinde: 4 porciones

INGREDIENTES:
- ½ toronja
- 1 naranja
- 1 taza de piña fresca
- 6 malvaviscos
- 6 cerezas al marrasquino
- ½ taza de coco rallado húmedo
- 2 cucharadas de jugo de marrasquino
- 3 claras de huevo
- 6 cucharadas de azúcar glas

INSTRUCCIONES:

a) Retire los segmentos de la membrana de la toronja y la naranja, corte la piña en rodajas y corte los malvaviscos y las cerezas en octavos. Remoje los malvaviscos y el coco en los jugos combinados.

b) Batir las claras de huevo a punto de nieve y agregar el azúcar.

c) Combine con la mezcla de frutas y malvaviscos de coco. Congele en la bandeja del refrigerador hasta que esté firme.

86. Parfait de crema de menta

Rinde: 6 porciones

INGREDIENTES:
- 3 tazas de malvaviscos en miniatura
- ½ taza de leche
- 2 cucharadas de crema de menta verde
- 1 taza de chispas de chocolate semidulce
- ¼ taza de azúcar en polvo
- 1½ taza de crema para batir
- Caramelo de hojas de menta o menta fresca

INSTRUCCIONES:
a) En una cacerola mediana, combine los malvaviscos y la leche. Cocine a fuego lento, revolviendo constantemente hasta que los malvaviscos se derritan y la mezcla esté suave.
b) En un tazón pequeño, vierta 1 taza de la mezcla de malvaviscos. Agregue la crema de menta y reserve.
c) Agregue chispas de chocolate y azúcar en polvo a la mezcla de malvaviscos que queda en la cacerola. Regrese la cacerola a fuego lento y revuelva constantemente hasta que las papas fritas se derritan. Retire del fuego y enfríe a temperatura ambiente.
d) En un tazón grande, bata la crema batida hasta que esté firme y agregue 1 ½ tazas a la mezcla de menta. Incorpore la crema batida restante a la mezcla de chocolate.
e) Cucharee alternativamente las mezclas de chocolate y menta en vasos de parfait.
f) Refrigere hasta que esté frío o colóquelo en el congelador hasta que esté firme. Adorne como desee.

87. Pasteles de mano S'mores

Rinde: 8 pasteles de mano

INGREDIENTES:
- 1 paquete (2 masas) masas de pastel crudas refrigeradas
- 2 CUCHARADAS. más 2 cucharaditas. mantequilla derretida
- 1 taza de malvaviscos para untar
- 4 galletas graham dobles, desmoronadas
- 1 taza de chispas de chocolate semidulce
- 1 huevo grande, ligeramente batido

INSTRUCCIONES

a) Caliente el horno a 340°F (171°C).
b) Cubra dos bandejas para hornear con papel pergamino y reserve.
c) Coloque las masas de pastel en una superficie de trabajo enharinada y extiéndalas ligeramente con un rodillo. Usando un tazón pequeño volcado con un vaso de 6 pulgadas. (15 cm) de diámetro, presione en la masa para cortar 8 círculos. Cepille cada círculo con 1 cucharadita de mantequilla.
d) Coloque 2 cucharadas de malvaviscos para untar en cada círculo. Distribuya equitativamente las migas de galleta Graham en la mitad de los 8 círculos, dejando un borde de ½ pulgada (1,25 cm). Cubra cada uno con chispas de chocolate semidulce.
e) Con una brocha de pastelería, pinte los bordes de los círculos con huevo. Dobla en círculos y presiona para sellar. Usando un tenedor, haga muescas alrededor de las costras. Con un cuchillo afilado, haga respiraderos para el vapor.
f) Hornea de 12 a 14 minutos o hasta que estén doradas. Dejar enfriar un poco antes de servir.
g) Almacenamiento: Mantener en un recipiente hermético a temperatura ambiente hasta por 3 días.

88. Helado Rojo, Blanco y Arándano

INGREDIENTES:
- 1 litro de helado de vainilla
- 1 taza de fresas picadas
- ¾ taza de arándanos
- 1 taza de mini malvaviscos

INSTRUCCIONES

a) Vierta el helado en una batidora de pie o en un tazón grande para mezclar si está usando una batidora de mano.
b) Usando el accesorio de paleta, mezcle rápidamente hasta que el helado esté suave.
c) Mientras el helado esté suave, mezcle los ingredientes restantes y luego transfiéralo a un recipiente.
d) Cubra y congele hasta que esté sólido, alrededor de 4 horas o toda la noche; luego servir

89. pastel de almendras toblerone

Rinde: 1 porciones

INGREDIENTES:
- 6 Barritas de Toblerone con Miel y Almendras
- ½ taza de leche
- 1/4 libra de malvaviscos
- ½ pinta de crema espesa, batida
- 1 base de pastel de 9 pulgadas, enfriada o base de galleta graham

INSTRUCCIONES:
- Picar las barras de toblerone en trozos pequeños y derretir al baño maría con leche.
- Agregue los malvaviscos y revuelva hasta que se derrita. Enfríe bien la mezcla.
- Incorpore la crema a la mezcla de chocolate y viértala en la base para pay enfriada.
- Enfríe durante la noche hasta que esté firme.
- Cubra con crema batida y sirva.

90. Fiesta Toblerone-Banana

Rinde: 6 porciones

INGREDIENTES:
- 5 plátanos
- 2 tazas de chocolate amargo, derretido
- 1 1/3 barras de mantequilla
- 1 taza de harina
- 1/2 taza de azúcar
- 1 huevos
- 1 tobleron
- 3 malvaviscos
- 1 paquete de m&m's
- 1 barra de chocolate
- dulce de leche

INSTRUCCIONES:
a) Pelar los plátanos y cavar un canal de la longitud de cada uno.
b) Mezclar el chocolate derretido y la mantequilla con la harina, el azúcar y los huevos.
c) Vierta esta mezcla en la cacerola.
d) Coloque los plátanos encima y luego coloque trozos de Toblerone en el canal del primer plátano,
e) Coloque malvaviscos partidos por la mitad en el segundo, M&M's en el tercero, trozos de chocolate en el cuarto y salsa de caramelo en el último.
f) ¡Hornee por 20 minutos a 350 °F y disfrute caliente!

91. Mousse De Malvaviscos

Hace 4-6

INGREDIENTES:
- 250 g de malvaviscos
- 200ml mitad y mitad
- 1/2 taza de yogur griego
- 3 gotas de gel alimentario morado, opcional
- 3 gotas de gel alimentario rosa, opcional
- 3 gotas de gel alimentario de naranja, opcional

INSTRUCCIONES:
a) A fuego lento, cocine lentamente los malvaviscos y 2 cucharadas de mitad y mitad en una cacerola pequeña mientras revuelve continuamente. Pueden quemarse fácilmente, así que vigílelos.
b) Retire del fuego y continúe revolviendo si parece que se puede quemar.
c) Una vez que los malvaviscos se hayan derretido y la mezcla esté suave, deja enfriar durante 5 minutos.
d) Agregue la mitad restante y la mitad y el yogur y mezcle para mezclar.
e) Dependiendo del número de capas, divide la mezcla entre tazones y colorea con geles morados, rosas y naranjas.
f) Para colocar en capas, vierta suavemente la primera capa en vasos para servir. Enfriar durante 5-10 minutos. Repita con el resto de las capas.
g) Refrigere hasta que sea necesario. Al momento de servir, dejar reposar a temperatura ambiente por 15 minutos.

BEBIDAS

92. Tostado S'more Martini

Rinde: 4 porciones

INGREDIENTES:
- 1 onza de licor de chocolate negro o chocolate con leche
- ½ onza de vodka de malvaviscos esponjoso
- ½ onza de crema espesa
- Sirope de chocolate Hershey's y galleta graham triturada para el borde
- malvaviscos como guarnición
- pequeños palos de bambú

INSTRUCCIONES:
a) Sumerja el borde de su vaso en el jarabe de Hershey y luego en la galleta Graham triturada.
b) Vierta el licor de chocolate lo más lentamente posible con una cuchara boca abajo en el vaso.
c) Mezcla la crema espesa y el vodka de malvavisco en un recipiente aparte.
d) Vierta la mezcla de vodka lo más lentamente posible sobre una cuchara al revés para que se vea en capas.
e) Coloque el malvavisco en el palo de bambú como un pincho.
f) Dorar el malvavisco ligeramente sobre una llama abierta.
g) Coloque la vara de bambú sobre la bebida y encienda el malvavisco antes de beber. ¡Revuelve la bebida y disfruta!

93. Baileys S'mores

Rinde: 2 porciones

INGREDIENTES:
- 100 ml de crema irlandesa original de Baileys
- 100 g de digestivos desmenuzados o mantecados
- 100 g mini malvaviscos
- 120 g de malvaviscos
- 100 ml de salsa de chocolate
- Soplete para terminar

INSTRUCCIONES:
a) Agregue la torta dulce desmenuzada al fondo de un frasco. Cucharada de malvaviscos.
b) Calentar la salsa de chocolate y verterla en los tarros. Probablemente agregue un poco más de salsa de chocolate.
c) Espolvorea los mini malvaviscos.
d) Vierta el Baileys sobre su creación.
e) Ahora tuesta los malvaviscos con el soplete hasta que estén derretidos y deliciosos.

94. Cóctel fantasma reventado

Rinde: 4 porciones

INGREDIENTES:
- Azúcar, Beso Negro
- malvavisco, globos oculares
- ¼ de taza) de azúcar
- ¼ de cucharadita de Extracto Puro de Vainilla
- 10 gotas de colorante alimentario
- 1 malvavisco grande
- 2 gotas de colorante alimentario
- ½ taza de crema espesa
- 2 cucharadas de jarabe simple
- 1 onza de vodka
- 1 cucharadita de extracto puro de vainilla
- ¼ taza de refresco de club

INSTRUCCIONES:

a) Para el Rimming Sugar, mezcle el azúcar y la vainilla en un plato pequeño. Agrega colorante alimentario; mezcle hasta que el azúcar esté uniformemente teñido. Borde húmedo del vaso de bebida con agua. Sumerja el borde del vaso en azúcar negra para cubrir ligeramente.

b) Para los globos oculares de malvavisco, corte los malvaviscos por la mitad en forma de cruz. Coloque 1 gota de colorante para alimentos en el centro del lado cortado de cada mitad de malvavisco.

c) Llene dos tercios de la coctelera con hielo. Agregue la crema, el jarabe simple, el vodka y la vainilla; agitar hasta que esté bien mezclado y enfriado. Cuele en un vaso de bebida con borde. Cubra con agua mineral con gas. Adorne con globos oculares de malvavisco. Servir inmediatamente.

95. Batido De Malvaviscos Y Palomitas De Maíz

Rinde: 2 porciones

INGREDIENTES:
- 1 taza de leche entera
- ⅔ taza de palomitas de maíz
- ½ taza de mini malvaviscos
- ⅔ taza de helado de vainilla
- ¼ cucharadita de sal

INSTRUCCIONES:
a) Coloque las palomitas de maíz en una licuadora y pulse hasta que las palomitas de maíz se conviertan en una fina miga de pan.
b) Luego agregue los malvaviscos, la leche y el helado. Mezclar hasta que esté suave.
c) Pruebe el batido y vea cómo sabe primero sin la sal añadida.
d) Luego agregue los malvaviscos, la leche y el helado. Mezclar hasta que esté suave.
e) Pruebe el batido y vea cómo sabe primero sin la sal añadida.

96. Refresco de crema de malvavisco de mora

Rinde: 4 porciones

INGREDIENTES:
- 1 tiro de jarabe de mora simple
- 1 trago de ginebra
- Agua con gas
- 1 cucharada grande de Marshmallow Fluff

PELUSA DE MALVAVISCO
- 1 bolsa de 10 onzas de Dandies Mini Marshmallows
- Líquido de 1 lata de Garbanzos
- 1 cucharadita de aceite de coco

INSTRUCCIONES:
a) Llena un vaso con hielo. Vierta 1 trago de jarabe simple de mora y un trago de ginebra, y revuelva. Llene el resto del camino con soda y cubra con una cucharada de pelusa de malvavisco.

PELUSA DE MALVAVISCO
a) En una batidora de pie, bata la aquafaba hasta que se formen picos esponjosos en el merengue. Mientras tanto, en un recipiente apto para microondas, combine el aceite de coco y los malvaviscos. En intervalos de 30 segundos, revolviendo rápidamente entre cada uno, cocine en el microondas hasta que los malvaviscos se hayan derretido por completo.
b) Agregue la mezcla de malvaviscos en la batidora de pie con el merengue y mezcle hasta que quede suave.
c) Almacene en un recipiente hermético en el refrigerador hasta por 5 días.

97. Cóctel de jengibre, duraznos y crema

Rinde: 4 porciones

INGREDIENTES:
- 1 onza de bourbon
- ½ onzas de Schnapps de durazno
- Cerveza de jengibre
- Malvavisco Dandies Bourbon-Brûléed, para decorar

INSTRUCCIONES:
a) Llena un vaso con hielo. Agregue 1 trago de bourbon y ½ trago de licor de durazno.
b) Cubra el resto del vaso con Ginger Beer y revuelva. Adorne con un malvavisco Brûléed Dandies.
c) Coloque un malvavisco en una brocheta, sumérjalo en bourbon y enróllelo en azúcar.
d) Usando un soplete de cocina o una llama de una estufa de gas, tueste el malvavisco hasta que el azúcar se convierta en una costra quemada.

98. Cóctel de tarta de merengue de limón

Rinde: 4 porciones

INGREDIENTES:
- 1 onza de vodka
- ½ onza de licor de Amaretto
- 1 cucharada de jarabe simple
- 1 onza de jugo de limón
- 1 cucharada de pelusa de malvavisco
- Galleta Graham triturada

INSTRUCCIONES:
a) Llena una coctelera de Martini con hielo. Agregue jarabe simple, jugo de limón, vodka y licor Amaretto.
b) Agitar enérgicamente durante un minuto.
c) Sumerja el borde de una copa de martini en jugo de limón y luego en una galleta graham triturada.
d) Vierta alcohol colado en la copa de martini y cubra con una cucharada de pelusa de malvavisco.
e) Si tienes un soplete de cocina, enciende la pelusa para darle un toque extra.

99. Cóctel Smore Líquido

Rinde: 4 porciones

INGREDIENTES:
- 1 trago de vodka de malvaviscos
- 1 cucharada de sirope de chocolate o licor
- 1 tiro de crema irlandesa
- 2 tiros mitad y mitad

INSTRUCCIONES:
a) Vierta el jarabe de chocolate en una coctelera.
b) Agregue el vodka y la crema irlandesa.
c) Agregue 1 trago de mitad y mitad.
d) Llene la coctelera el resto del camino con hielo y agite bien.
e) Vierta en una copa de martini bañada en crema y galletas integrales trituradas.
f) Cubra con la mitad y la mitad restante.

100. Cóctel de fresas y malvaviscos

Hace: 4

INGREDIENTES:
- 8 malvaviscos blancos
- 4 frambuesas
- 1L de helado de fresa
- ½ taza de licor de crema, frío
- ⅓ taza de vodka, frío
- 125 g de frambuesas, extra
- 1 cucharadita de pasta de vainilla

INSTRUCCIONES:
a) Precaliente la parrilla a temperatura media. Cubra una bandeja para hornear con papel aluminio. Ensarta los malvaviscos y las frambuesas en brochetas pequeñas de bambú. Cubre los extremos expuestos de las brochetas con papel aluminio. Colocar en la bandeja forrada.
b) Cocine debajo de la parrilla durante 1-2 minutos o hasta que los malvaviscos estén ligeramente tostados.
c) Coloque el helado, el licor, el vodka, las frambuesas adicionales y la vainilla en una licuadora y mezcle hasta que quede suave y cremoso. Vierta uniformemente entre los vasos para servir.
d) Cubra con las brochetas de malvavisco y sirva de inmediato.

CONCLUSIÓN

¡Pegajosas, dulces y difíciles de resistir, las recetas de malvaviscos ya no son solo para niños! ¡Hay algo reconfortante en los malvaviscos, sin importar cómo se sirvan! Disfrute de estas 50 recetas que le dan un giro creativo a sus favoritos de la infancia.

www.ingramcontent.com/pod-product-compliance
Lightning Source LLC
Chambersburg PA
CBHW070400120526
44590CB00014B/1198